志士の流儀

まえがき

今こそ志の時代

江戸時代の日本人、明治時代の日本人、大正時代、昭和そして平成と、時代は下っても、日本に住み日本語で暮らしているという点で、私たちは、同じ日本人であることに変わりありません。ですが、同じ日本人でありながら、江戸時代や明治時代の日本人とは、明らかになにかが違っています。

明治時代は急激な欧米化の時代でした。侍が大手をふって歩く封建的な江戸時代とはまるで違う、と思うかもしれませんが、東郷平八郎や伊藤博文に代表される明治時代の日本人は、外見こそ欧米風ですが、その中身は江戸の武士そのものであったことを忘れるわけにはいきません。彼ら明治人は、江戸時代の教育を受けて育った日本人だったのです。

江戸時代の日本人たちは、欧米諸国の弱肉強食主義にひるむことなく勇敢に立ち向かいました。そうした先人たちのおかげで、日本は欧米列強の植民地になることもなく今日まで独立をつらぬいてきました。

　江戸時代の日本人と現在の日本人との違いがどこにあるのかと、もし問われるならば「心のありよう」に、そして、その心を育てた「陽明学」にあると、私は断言します。

　陽明学は「心学」とも称されました。江戸時代の後期、商人道を打ち出した石《いし》田《だ》梅巌《ばいがん》の「心学」は、陽明学にそのルーツがあります。また、昨今注目を集めている「江戸しぐさ」も、そのルーツはといえば、中江藤樹を開祖とする日本陽明学にあります。

　知識やテクニックは蓄積すればするほど、有効だと思われているようですが、実は、せっかくストックした知識やテクニックを生かすも殺すも「心」次第である、という事実を見失っているのが、昨今の日本人です。平穏無事のときには、常日頃蓄積してきた知識とテクニックで間に合い

淵岡山（ふち・こうざん）江戸前期の儒学者。中江藤樹の高弟で、熊澤蕃山と並び称された。

浅野長治（あさの・ながはる）江戸前期の大名。浅野家初代三次（みよし）藩主。陽明学者・熊澤蕃山に師事し、治水・殖産につとめた名君。

北島雪山（きたじま・せつざん）江戸前期、日本一と称された書家・陽明学者。近世唐様（中国の元・明風の書体）の基礎を築いた。

ます。しかし、突発的な緊急事態、つまり危急存亡の折には「心」の強さが問われ、試されます。

三・一一の「原発震災」を経験し、逆境の時代に生きることを余儀なくされている私たちにとり、今、陽明学を見直す意味は、おおいにあります。

陽明学で心をはぐくんできた日本人といえば、中江藤樹、熊澤蕃山、*淵岡山、*浅野長治、*北島雪山、*細井広澤、*浦上玉堂、大塩平八郎、吉田松陰、松陰の二大弟子の久坂玄瑞や高杉晋作、西郷隆盛、大久保利通、佐藤一斎、*春日潜庵、山田方谷、河井継之助、奥宮慥斎、*犬養毅、*広瀬武夫、*東郷平八郎、*安岡正篤といった人々をあげることができます。

私は、かつての日本人のように『論語』『孟子』を読め、『伝習録』を読め、吉田松陰の読んだ本を読め、などとはいいません。ただ、忘れてしまった心をよみがえらせて欲しいのです。そうすることが思いやりに裏打ちされた強い心をはぐくむことにつながると考えるからです。

細井広澤（ほそい・こうたく）　江戸中期の書家・篆刻家・陽明学者。師・北島雪山のあとを受け、唐様復興の書家として名高い。

浦上玉堂（うらがみ・ぎょくどう）　江戸中期の南画家・七弦琴の奏者・陽明学者。五〇歳にして武士を捨て、山水画に独自の境地を開いた。

春日潜庵（かすが・せんあん）　幕末・明治初期の陽明学者。「安政の大獄」に連座。維新後、奈良県知事をほどなく辞職、その後は子弟の育成につとめた。

かつて釈迦はこういったそうです。以下は、ワンギーサさんのブログ『困った時はダンマパダ』からです。

「罵倒《ばとう》あるいは暴力や拘束に怒らずに忍耐する、忍耐力のある軍隊のように強い人、彼を私はバラモンと呼ぶ」

（『ダンマパダ』第二六章 バラモン 三九九）

小池龍之介氏は『超訳、ブッダの言葉』の中で、この言葉を、さらにかみくだいて次のように説いています。

「恋人や友人から『頼りにならない人ね』とののしられても、悪党から『バカヤロー』となぐられ、はがいじめにされようとも、怒ることなく、恐れることなく、平常心をたもっておだやかに対応する。それほどまでの忍耐力のある人こそ、強力な軍隊なみの底力を持ち、智慧ある人と呼ぶにふさわしい」

つまり、釈迦は「忍耐、堪忍は最高の修行である（耐え忍ぶは最上の修行）」（『ダンマパダ』第一四 ブッダの章 一八四）と説いているのです。

犬養毅（いぬかい・つよし） 明治・大正・昭和期の政治家。号は木堂。昭和四年、政友会総裁となり、昭和六年、政友会内閣を組織。五・一五事件で暗殺された。

広瀬武夫（ひろせ・たけお） 明治期の海軍軍人。日露戦争中、旅順港閉鎖作戦に参加、行方不明の杉野孫七兵曹長を最後まで捜すうち、ボート上で被弾し戦死。軍神と称された。

怒りだけではなく、自らの欲望にも耐え忍ばなければなりません。アウシュビッツの強制収容所から奇跡の生還を遂げたヴィクトール・フランクルや、牢屋暮しの身でありながらも周囲の人々を感化し教導した吉田松陰や西郷隆盛なども、逆境にくじけない強い心の持ち主でした。

彼らとそうでない人の違いは、まず、心の強さ、モノの見方・考え方の違いにあります。そして、その違いは「陽明学」の考え方から生まれているのです。

本書では、陽明学の思想を、よりわかりやすく説明するために、ドイツを代表する文豪ゲーテの思想を発展させたルドルフ・シュタイナー（一八六一～一九二五）の思想を何度か引用していますが、その理由は、本書をご一読いただければご理解いただけるはずです。

私と一緒に陽明学をひもとき、忘れてしまった「熱い心」を取り戻してみませんか――。

東郷平八郎（とうごう・へいはちろう）　明治・大正期の海軍軍人。伊東猛右衛門と春日潜庵に陽明学を学ぶ。日露戦争で、連合艦隊司令長官として日本海海戦を指揮。

安岡正篤（やすおか・まさひろ）　昭和期の国家主義運動家。「歴代首相の陰の指南役」と称され、「玉音放送」原稿の添削をし、平成の元号も考案したといわれている。

志士の流儀◉目次

第1章　志士たちの残した言葉

第2章

陽明学に支えられた志士たちの行動

第3章

志士たちの心をつかんだ陽明学

〈凡例〉

一、人物の年齢は、生まれた年を一歳とする「数え年」としました。

一、本書では、「儒教」と「儒学」の両方の言葉を使い分けしています。日本では、どちらかといえば、儒教の宗教的なセレモニー（儀式）の部分をとりはずした儒学として受け入れられました。

そういうことから、学問としての儒学と、儒教とを区別してあります。

志士の流儀

第1章

志士たちの残した言葉

「志士」とは

「志士」について、私の手元の『国語辞典』にはこう書いてあります。

「りっぱなこころざしをもつ人。身をすてて国事につくす人。〈勤皇の――〉」（『角川国語辞典、新版』）。

「国家の仕事に奔走する人」（『三省堂国語辞典、第四版』）。

「大きな志を有する人。道や学問に志し、正義のためには一身をもかえりみない人。〔論語・衛霊公《えいれいこう》〕」（『漢語林』）。

「正義のために心を尽くす人。〔孟・滕文公《とうぶんこう》〕――不忘在溝壑《こうがく》」（『角川漢和中辞典』）。

「高い志をもつ人。国家・社会のために自分の身を犠牲にして尽くそうとする志を有する人」（『広辞苑、第三版』）。

「義を志す人。〔孟子・滕文公下〕志士は溝壑に在る（死して、屍《しかばね》を谷に捨てられる）を忘れず、勇士は其の元（頭）を喪ふを忘れず」（白川静『字通』）。

以上をひっくるめていえば、「志士」とは「義（人道、道理）を志す人」といっていいでしょう。

多くの志士を育成した吉田松陰は「志士」のことを次のように説明しています。

「志士とは、志達*ありて節操を守る士なり」。高い理想を持ち、信念や主義主張を守って変えない人物を志士といっています。

では、義を志す生き方や、志達ありて節操を守る士たちの生き方は、どんな環境から生まれたのでしょうか。

結論からいえば、幕末の志士たちの「高い志」は「儒学（儒教）」と「神道」はもともとひとつとする「神儒一致の思想」から生まれました。

志達（しだつ）　高い理想のこと。思いを強くもてばそれが叶うということ。

「仏教はどうなっているの？」と疑問に思う方がいらっしゃるでしょうが、江戸時代は「神と仏は同一」という「神仏習合《しゅうごう》」の教えが信じられていました。

「習合」とは「異なった教義・主義などを、総合・調和すること」という意味です。つまり、神道と仏教は一体と考えられていたのです。神道と仏教が、現在のように別々になったのは、明治の「神仏分離令*」以降です。

今でも、ときどき、「神さま、仏さま」とお祈りをしたり、「神も仏もあるものか」などという言葉を口にしたりする人がいますが、江戸時代には、ほとんどの家庭に神棚と仏壇があり、神社とお寺は一体となっていました。つまり、「儒教、仏教、神道」の「三教一致」が、江戸時代の日本人のごく普通の宗教観であり、思想だったのです。

そして、江戸期の儒学には、朱子学と陽明学というふたつの流れがありました。志士たちの志をはぐくんだのは、なんといっても「陽明学」でした。

神仏分離令　奈良時代から明治元年までのおよそ一〇〇〇年間は、神と仏は同居していた。明治に入ってから、「国学」を支持した神主たちによって、神道を仏教伝来以前に戻す「復古神道」を実現したのが一八六八年の「神仏分離令」である。

「陽明学」については、第3章でじっくりとお話しします。ここでは、その「陽明学」の思想を行動の指針とした志士たちの残した言葉の中でも、今日、座右の銘として愛唱されている言葉についてお話ししておきましょう。

志士の人気ナンバーワンは高杉晋作

二八〇回を超えるＮＨＫの人気テレビ番組『その時歴史が動いた』で、アンケートをとりました。放送で取りあげた人物の言葉の中から、一人物につきひとつという制限で一〇〇の言葉を選び、その中から視聴者にベスト二〇を選んでもらい、その結果を二〇〇七年三月に放送しました。二万を超える投票があったといいます。この番組の人気のほどがしのばれる数字です。

そこで一位に輝いたのは、ちょっと意外で私も驚いたのですが、高杉晋作でした。そして、その言葉は「おもしろき　こともなき世を　おもしろく」でした。

参考までに、二位は、『三国志』の諸葛孔明*で、言葉は「学問は静から、才能は学から生まれる。学ぶことで才能は開花する。志がなければ、学問の完成はない」（家訓『誡子書*』）でした。

三位は、山本五十六*の「一〇〇年兵を養うは、ただ平和を守るためである」、四位は坂本龍馬、選ばれた言葉は「日本を今一度せんたくいたし申候」です。

興味深いのは、一七位に中岡慎太郎が入っていたことでした。中岡慎太郎の言葉は「志とは、目先の貴賤《きせん》で動かされるようなものではない。今、賤《いや》しいと思えるものが明日は貴いかもしれない。君子となるか小人となるかは家柄の中にはない。君、自らの中にあるのだ」というものでした。

一九位には吉田松陰の「死して不朽《ふきゅう》の見込みあらばいつでも死ぬべし。生きて大業の見込みあらばいつでも生くべし」が入りました。

諸葛孔明　中国、後漢末期から三国時代の人。荊州（湖北省）で晴耕雨読の生活をしていたが、劉備（りゅうび）の人柄に感じてこれに仕えた。

誡子書　諸葛孔明が子孫に残した言葉。

山本五十六（やまもと・いそろく）　大正・昭和期の海軍軍人。昭和一四（一九三九）年、連合艦隊司令長官となる。太平洋戦争で真珠湾攻撃を指揮、昭和一八年、南方戦線を視察中、ブーゲンビル島上空で米軍機に撃墜され戦死。

中岡慎太郎より有名なはずの西郷隆盛はベスト二〇にランクインしていなかったことが、私にはとても驚きでした。二〇位に選ばれたのは「島原の乱」*で露と消えた天草四郎です。この結果は、今流行りの「歴女」いわゆる歴史好きの女性たちのなせる業なのでしょう。映画やテレビドラマの中の西郷隆盛は、天草四郎に比べたら、たしかに見た目がスマートではありませんから。

余談ですが、織田信長は六位に、徳川家康は一八位にランクイン、豊臣秀吉は、圏外という結果でした。

おもしろき　こともなき世を　おもしろく――高杉晋作

トップ人気にランクインした高杉晋作の辞世の句といわれる「おもしろき　こともなき世を　おもしろく」には、ちょっとミステリアスな話がつきまとっています。

島原の乱　寛永一四（一六三七）年から翌年にかけて、肥前島原・肥後天草に起こった農民一揆。幕府のキリシタン弾圧と領主の圧政に対し、益田四郎時貞（天草四郎）を首領として三万七〇〇〇の農民軍が蜂起（ほうき）、原城に立てこもったが、幕府軍により陥落、皆殺しとなった。

まず、ひとつ目の謎ですが、雑誌でも単行本でもテレビでも、そのほとんどが「おもしろき　こともなき世を　おもしろく」となっていますが、高杉晋作研究では第一人者といわれる一坂太郎氏によれば、「世を」ではなく「世に」ではないかということです。「を」とするのは後年の改作で、当初は「おもしろき　こともなき世に　おもしろく」だと推測しています。

（『高杉晋作の「革命日記」』「序章　高杉晋作小伝」）

これには理由があります。

晋作は、結核という病をかかえていました。しかし、慶応二（一八六六）年六月、幕府軍と晋作ひきいる長州軍との戦いの中、次第に病状が悪化、八月下旬、喀血し、慶応三年四月一四日、とうとう戦線を離脱、療養生活をしなくてはならなくなります。

晋作ら志士たちを援助してきた野村望東《ぼうとう》という尼さんがお見舞いにやって来たときに、晋作は筆と紙を持ってこさせて「おもしろき　こともなき世に　おもしろく」と、上の句を書いたのですが、後が続きません。

見かねた野村望東尼は「すみなすものは　心なりけり」という下の句をつくって、晋作に見せました。

こうして、二人でつくった和歌は「おもしろき　こともなき世に　おもしろく　すみなすものは　心なりけり」となったのです。晋作は、「おもしろいのう」とつぶやいて、息を引き取ったといわれています。

そこで、この合作の和歌が、晋作の辞世の句だといわれてきたのです。「晋作臨終の状況については確実な史実もなく、きっと夜中にひとりで息を引き取ったのではないか」と、一坂氏は述べていますが（『歴史読本クロニクル②、高杉晋作の二九年』「死闘四境戦争編」）、私もこの説に納得です。

この「おもしろき　こともなき世に　おもしろく」には、さらに面白い研究結果が残されています。

野村望東尼の研究家で小河扶希子《おがわすまこ》さんの著書『野村望東尼』によりますと、なんと野村望東尼は、安政四（一八五七）年、五二歳のときに、「おもしろき　こともなき世と　思いしは　花見ぬひまの　心なりけり」

という和歌をつくっていたというのです。

意訳しますと、「何の愉快なこともない世界であると念じたのは、桜を見ないときの心であったことよ」となります。

この和歌を書いた短冊が福岡市博物館に現存しているとのことですが、晋作が亡くなったのは慶応三（一八六七）年四月、野村望東尼六二歳のときのことですから、なんと一〇年前に、すでに「おもしろき　こともなき世」という言葉を使って野村望東尼は和歌をつくっていたのでした。

したがって、小河扶希子さんは、下の句はもちろん、晋作の辞世といわれている上の句の「おもしろき　こともなき世に」もすべて野村望東尼の作だと語っています。

ところで、この句は「道歌《どうか》」という種類に属します。

「道歌」というのは、江戸時代の人たちが、自己啓発のために、自分を律することを目的とした教え（思想）を和歌、つまり三十一文字《みそひともじ》で表現したものです。

今でも私たちは「座右の銘」といって、たとえば西郷隆盛や沢庵和尚*なとの歴史上の偉人たちが残した言葉の中で気にいったものを選んで、暗記したり、墨書したものを壁に貼ったりして、自己啓発に役立てていますが、「道歌」もこれと同じです。

とくに江戸時代には、よりよく生きていく上でためになる教訓が、三十一文字に凝縮され、師から弟子へ、親から子へと伝えられました。たとえば、多くの人が知っている道歌に、「なせばなる　なさねばならぬなにごとも　ならぬは　ひとのなさぬなりけり」があります。

現在、この道歌の存在は、次第に忘れ去られているようです。

命もいらぬ、名もいらぬ——西郷隆盛

二〇一一年三月、人類がかつて経験したことのなかった震災と放射能災害が複合・増幅しあう「原発震災」を現実のものとした私たちには、これ

沢庵和尚　正確には沢庵宗彭(たくあんそうほう)という。江戸初期の禅僧(臨済宗)。大徳寺の住持。寛永六(一六二九)年、幕府を批判した紫衣事件で出羽に流され、のち許される。徳川家光に重用され、家光建立の東海寺の最初の住職となる。

から紹介する西郷隆盛の言葉はきっと身に染みることでしょう。

西郷は号*を南洲と称し、漢詩や書をよくしましたが、漢詩のひとつに「貧居傑士《ひんきょけっし》を生ず」があります。「外甥政直《がいせいまさなお》に示す」と題されたもので、隆盛の妹の三男の市来《いちき》政直がアメリカに留学したときに贈ったもので、思想詩といっていいでしょう。

まず、オリジナルの漢文と書き下し文、そして現代語訳で紹介しておきます。

［外甥政直に示す］

一貫唯唯諾　一貫す、唯唯《いい》の諾《だく》
従来鉄石肝　従来、鉄石《てっせき》の肝《かん》
貧居生傑士　貧居、傑士を生じ
勲業顕多難　勲業《くんぎょう》（薫業）多難に顕《あら》わる
耐雪梅花麗　雪に耐えて梅花《ばいか》麗《うるわ》しく

号　雅号のこと。著述家・画家・書家などが本名以外につける風流・風雅な別名。今でいうペンネーム。

経霜楓葉丹　霜を経て楓葉《ふうようあか》し
如能識天意　如《も》し、能《よ》く、天意を識《し》らば
豈敢自謀安　豈敢《あにあえ》て、自《みず》から安きを謀《はか》らむや

〈意〉

「はい」と答えて引き受けた以上は、どこまでもやりとおす、それには、もともと鉄石のごとく堅固な胆力が必要である。

優れた人物というのは、貧しい暮らしの中からあらわれ、輝かしい勲功も、多くの困難を経て成し遂げられるのだ。

梅の花がうるわしいのは、冬の雪に耐えたからだし、楓《かえで》は霜を受けてこそ美しく紅葉する。

もしこれらの天意が理解できたなら、どうして自分が楽をすることだけを考えていられようか。

たとえば、坂本龍馬はこれからお話しするように「日本を今一度せんたくいたし申候」といいましたが、この言葉は、軽口《かるくち》からでも、傲慢心から出た言葉でもありません。

日本を洗濯しようとすることは、それこそ自分の命を危険にさらすことです。事実、龍馬や西郷隆盛、高杉晋作や桂小五郎、龍馬の師の勝海舟もそうでしたが、命がいくつあっても足りないほどの危険な目に何度もあっています。

また龍馬のように、損得を度外視した高い志を持って生きるということは、当然、貧しい暮らしを覚悟せざるを得ません。それは隆盛も同様です。「輝かしい勲功も、多くの困難を経て成し遂げられる（勲業は多難に顕る）」とは、そういうことです。

西郷隆盛には、幕府に追いつめられたあげくの自殺未遂や、数度の島流しといった逆境の時期があります。そういう体験を踏まえた上での思想詩なのです。

このほか、西郷隆盛には人々に愛されてきた有名な言葉がいくつもあります。次に、二つ三つあげておきましょう。

「命もいらず、名もいらず、官位も金もいらぬ人は、仕末に困るもの也《なり》。この仕末に困る人ならでは、艱難を共にして国家の大業は成し得られぬ也」（『西郷南洲遺訓』）

――命も名誉も財産も何もいらないというような人は困ったものだが、そのような人でなければ、困難を分かち合い、国家的な大きな仕事をすることはできない――、つまり国家の大業をなす政治家は「無私」でなければならない、という意。

「人を相手にせず、天を相手にせよ。天を相手にして、己を尽くして、人を咎《とが》めず、我が誠の足らざるを尋ぬるべし」（前掲）

――人を相手にしないで常に天を相手にするように心がけよ。天を相手にして自分の誠（真心）を尽くし、決して人を咎めるようなことをせず、自分の誠（真心）の足らないことを反省せよ――という意。「無私」ということの大切さを説いたもの。

また、西郷隆盛にはこんなエピソードがあります。桂樹《かつらぎ》亮仙《りょうせん》著『西郷南洲手抄《しゅしょう》言志録《げんしろく》講和』から紹介しておきましょう。

「明治六年、翁は陸軍大将兼参議に任ぜられた。あるとき翁は陸軍大将の軍服を着て、若い士官をつれ坂を登っていた。

そこに一人の車夫が汗を流して荷車を曳《ひ》いていた。

翁は手に唾《つば》をして『どれ、おいどんが押してやろう』と云って車の後押しをされた。

するとと若い士官たちが申すよう。
『陸軍大将の軍服を着て車の後押しは人に笑われますよ』と注意した。
翁は振りかえって『馬鹿どんが、そんな頭だからお前たちはつまらんたい。人を相手にせず、天を相手にせよ』と云われた」

世間体を気にしすぎると、いつしか誠を尽くして自分に正直に生きる大切さを見失ってしまいます。肝に銘じたい言葉です。

もうひとつ「児孫《じそん》の為に美田（財産）を残さず」（前掲）も有名です。わかりやすくいえば、自分の子孫のために、美田、つまり財産は残さない――ですが、正確には「児孫の為に美田を買わず」です。

「子孫に財産を残すことは、決してよいことではないので、自分の子どもや孫のために、立派な田畑を買い求めたりはしないものだ」という意味に受け取られているようですが、「志を果たすためならすべてのものを犠牲にする覚悟ができている」というもっと深い意味があります。

晩餐会の席で「作法を知らない」といって、スープ皿を手に持ってスープを飲み干すなど、飾らない西郷の人柄を明治天皇はとても気に入っていたといわれていますが、西郷という人物の大きさが改めて実感できるのではないでしょうか。

我が成すことは我のみぞ知る――坂本龍馬

龍馬について語るとすれば、まず、その行動力のすばらしさにつきます。代表的な成果としては、まず「薩長同盟*」をあげることができるでしょう。犬猿の仲で、互いに殺し合っていた薩摩と長州の軍事同盟を実現したのですが、これはほんとうにすごいことでした。

「日本を今一度せんたくいたし申候」という言葉ですが、これは、龍馬が口にした言葉の中でも最も有名なもので、龍馬の姉の乙女《おとめ》にあてた、文久三（一八六三）年六月二九日付の手紙に書かれたものです。手紙の内容

薩長同盟　江戸時代後期の慶応二年一月（一八六六年三月）に京都小松清廉邸（京都市上京区）で締結された薩摩藩と長州藩の政治的、軍事的同盟である。

の前後がわからないと、龍馬が何をいいたかったのかが正確には伝わりませんので、以下に意訳を掲げておきます。

「ところが、とても嘆かわしいことには、長州で戦争がはじまり、先月から六度の戦いに日本は勝ち目がなく、あきれたことには、長州で戦った外国の船は江戸で幕府に修理してもらって、長州へ戻ってきて戦っているのです。

これらは、みな、悪い幕府の役人が、外国人と内通しているのです。こうした悪い役人は、よほど勢いもあり、おおぜいいますが、龍馬は、二〜三の大名と固く約束をし、同志をつのり、朝廷にまず神国日本を守る大方針を打ち出していただき、江戸の同志、旗本、大名、その他の人たちと心を合わせ、こういった悪い役人と戦って撃ち殺し、この日本を今一度洗濯しなければならないことを祈願しているのです」

手紙の中で龍馬は幕府の役人に対して激怒していますが、どういう状況で怒っているのかといいますと、それはこういうことです。

文久三（一八六三）年、朝廷から「条約破棄と攘夷*」の勅命を受けて、幕府は朝廷に「五月一〇日を攘夷の期限とする」という約束をします。ですが、幕府の本音は「いったん開国したのだから、攘夷はできればやりたくない」というものでした。

しかし、約束は約束です。四月二三日、幕府は「五月一〇日までに攘夷を実行せよ」という命令を各藩に布告します。

攘夷の急先鋒は長州藩*でした。五月一〇日にアメリカ商船を、二三日にフランス軍艦を、二五日にオランダ軍艦や外国艦船を攻撃したのでした。

このとき、外国艦船は江戸に逃げ帰り、そこで幕府の手を借りて修理をすませると、六月一日、アメリカ軍艦ワイオミング号が報復のために下関に来襲、砲撃し、亀山砲台を沈黙させ、長州藩の軍艦数隻を撃沈、あるいは大破させました。

攘夷（じょうい）「夷（えびす）を攘（はら）う」、夷とは異民族のこと。つまり外敵を打ち払うこと。

長州藩　毛利家の領土（周防国と長門国）のこと。現在の山口県北部にあたる。萩藩とも呼ばれた。

続く五日、今度はフランス軍艦二隻が馬関海峡*に侵入、砲撃を加えて、歩兵部隊を上陸させ、久坂玄瑞《げんずい》ひきいる光明寺党を撃退、湾岸の砲台の大砲を破壊し、近隣の村落を焼き払ったのです。

幕府は攘夷決行をとなえながら、フランスの艦船を援助し、負傷した船員の手当てをし、食料をただで提供していたのでした。

そんなことがあった後、龍馬は「日本を洗濯するんだ」とお姉さんにあてた手紙に書いたのです。でも、傲慢だと思われるかもしれないと思ったのでしょう、その手紙の末尾には「心配しないでも、謙虚を心がけるから……」といったことをわざわざ書きそえています。

龍馬には、次のような言葉もあります。

「世の人は我を何ともいわばいえ　我が成すことは我のみぞ知る（世間の人がいいたいのであれば私のことをいいたいだけいえばよい、だが私のやりたいことは私だけが知っている）」

馬関海峡　下関海峡（関門海峡）の旧名。

この言葉は、龍馬の師・勝海舟の次のような言葉を思い起こさせます。

「行蔵《こうぞう》は我に存す、毀誉《きよ》は他人の主張、我に与《あずか》らず我に関せずと存候。（出処進退は自分自身が決することである。それを誉《ほ》める貶《けな》すは他人がすることで、自分には関係のないことと考えています）」

実は、西郷隆盛の漢詩の一節にも、これとよく似た言葉があります。

「世上《せじょう》の毀誉《きよ》軽きこと塵《ちり》に似たり（世の中で、人から悪口をいわれたり、ほめられたりすることは、塵のようなもので、気にする必要などない）」

「英雄は英雄を知る」という言葉がありますが、西郷隆盛、勝海舟、坂本龍馬は、それぞれにお互いを認めあっていたことはよく知られた話です。

そのほかの龍馬の言葉です。

「海援隊には、役者もおれば乞食もおるが、腹わただけはきれいだぞ」

海援隊には、いろんな人がいるけれど、心だけはきれいだ、といっているのです。人種や身分や経済力などで人を差別するのは世の常ですが、江戸時代は身分に厳しく、なかでも土佐藩はめだって身分に厳しい藩でした。たとえば、下士《かし》には下駄や足袋をはくこと、日傘をさすことなどが認められていませんでした。また、上士《じょうし》の町に勝手に入ってはいけないルールもありました。さらに、ひと口に下士といっても、そこには一〇前後の階級がありました。つまり、上士と下士の間の差別だけではなく、上士の間にも下士の間にも、それぞれさらに細かい身分差別が設けられていたのです。

ですが、海援隊はそうした身分にこだわりませんでした。菓子屋や町医者などさまざまな人材で構成されていました。

身分は問いませんでしたが、海援隊に入隊する動機は問いました。どんなに優れた知識や技術があっても、仲間のことよりも自分のことを優先するような心の狭い人物では、ともに何かを成し遂げることなどできないからです。

ちなみに、「経営コンサルタントの創始者」「経営学の父」と呼ばれるピーター・ドラッカー*は、こんなことをいっています。

「人を管理する能力を学ぶことはできる。だが、マネージャー（管理職）が人材を育成するには、それだけでは不十分だ。根本的な資質が必要である。それは〈真摯《しんし》さ（インテグリティ）〉である」

「真摯さ」とは、「正直」「誠」のことです。

ピーター・ドラッカー
ジャーナリスト、大学教授、コンサルタント、著述家。二〇世紀から二一世紀にかけて経済界に最も影響力のあったアメリカの経営思想家（経営学者）。マネジメントの父。経営者に高い人気を誇っている。

「心がきれい？　それがどうした」と思う人もいるでしょうが、ドラッカーは単にきれいごとでいっているわけではありません。

心がきれいだということは、単に頭がいいということ以上に、とても意味があることです。このことに関しては、第３章で詳しく説明します。


志とは、目先の貴賤で動かされるようなものではない

――中岡慎太郎

「志とは、目先の貴賤で動かされるようなものではない。今、賤《いや》しいと思えるものが明日は貴いかもしれない。君子となるか小人《しょうじん》となるかは、家柄の中にはない。君、自らの中にあるのだ」

これは、慎太郎の残した言葉の中でもっとも有名な言葉といっていいでしょう。意訳してみます。

「そもそも、目先の貴賤、つまり目先の損得勘定が働いて動かされてしまうような志は、志とはいわない。今、つまらないと思えるものが、数年か数十年後には、貴いといわれるようになるかもしれない。誰であれ、君子と呼ばれるに値する立派な人になるか、小人と呼ばれるような心の狭い人になるかは、家柄がそうさせるのではなく、あなたの心がけ次第なのである」

要約すれば「人間の価値は、家柄や経済力といった外面的なものにあるのではなく、心にある。心の中の思いの真摯さこそが、その人を君子にするのだ」となります。

この言葉は、慎太郎が二四歳のときの文久元（一八六一）年に、庄屋の息子の北川竹次郎（二三歳）にあてて書いた一一月二六日付の手紙にあるものです。

現在、この言葉は「今日賎しいものが、明日には貴いかもしれない。小人か君子かは、人の心の中にある」という具合に、後半部だけが、それもちょっと簡略化された形で引用されることがあるようです。

ところで、この手紙が書かれる数カ月前の八月、江戸で「土佐勤王党」*が結成されたばかりでした。当時、大庄屋見習いとして父を手伝っていた慎太郎は、この手紙が書かれる前に、その土佐勤王党に加盟していたと思われます。

というのも、土佐での党員募集は、武市半平太*が江戸から帰った九月下旬から翌年の二月ころにかけて行われたのですが、名簿のトップには、江戸にいた間崎滄浪《まざきそうろう》（哲馬）や坂本龍馬、門田為之助《かどたためのすけ》といった党員の中でもリーダークラスの六名が記されていて、慎太郎の名はといいますと、総員約二〇〇名の中の一七番目にあります。

武市半平太の門人たちのほとんどが党員になっているのですから、冒頭に紹介した慎太郎の言葉や、慎太郎の人並みはずれた行動力からいっても、

土佐勤王党　幕末の土佐藩で、尊王攘夷の思想を掲げて結成された政治結社。しかし、京都で公武合体論が強まるや、突如として藩主・山内容堂は弾圧を開始、首領の武市半平太の投獄・切腹とともに、解散した。

武市半平太（たけち・はんぺいた）号は瑞山。陽明学者・岡本寧浦に師事。文久元（一八六一）年、土佐勤王党を結成。吉田東洋を倒して、藩論を尊王攘夷に転換する。

一〇月中には党員になっていたと考えるのが妥当ではないでしょうか。

手紙のあて先である北川竹次郎は、慎太郎の姉・加津《かつ》の夫・北川武平次の親戚で、慎太郎が誘って間崎滄浪の塾に入門させたことがありました。

その竹次郎に「北川郷の大庄屋を補佐する惣年寄《そうどしより》（惣老）を継いでほしい」という話が持ちあがったのですが、当時、城下の侍に仕え、大坂で学問を学んでいた竹次郎がなかなか納得しなかったために、仲のいい慎太郎が手紙で説得にかかったのです。

慎太郎の説得が功を奏して、翌年、竹次郎は惣年寄の職を継ぎました。

中岡慎太郎は、土佐国安芸郡北川郷柏木村（現・高知県安芸郡北川村柏木）に、北川郷の大庄屋の長男として生まれています。

大庄屋というと、いかにもお金持ちのようにイメージしてしまいますが、土佐藩の大庄屋は他藩に比べて規模が小さく、とくにこの北川郷の場合は、山ばかりの貧しい土地で、大庄屋といえども決して楽ではありませんでした。

慎太郎は幼いころから学問好きでした。四歳で青松寺（一説には中岡家の菩提寺の松林寺）の住職・禅定和尚に、七歳で安芸郡野友《のとも》村の漢方医・島村策吾《さくご》の「島村塾」に学び、なんと一四歳でこの塾の代理講師をつとめています。

さらに、坂本龍馬の義兄の高松順蔵や佐藤一斎の門人の竹村東野*に師事し、乗光寺*で書を学び、武市半平太の道場に入門、江戸に出て、吉村賢次郎に蘭学やオランダ式大砲術も学んでいます。

藩の郷校・田野学館*にも通った慎太郎は、当時、学館の文武副教頭だった清岡治之助《じのすけ》にも指導を受けています。清岡治之助は、陽明学者・岡本寧《ねい》浦《ほ》（後述）の門人です。

また、嘉永六（一八五三）年ごろ、高知城下の間崎滄浪の塾に入門しています。間崎滄浪は清岡治之助と同門、つまり陽明学者・岡本寧浦の門人でした。

慎太郎にとって、間崎滄浪は学問の師であり、武市半平太は武術の師で

竹村東野（たけむら・とうや）　江戸時代後期の漢学者・教育者。江戸で、佐藤一斎、安積艮斎らに学び、帰郷後、家塾・成美塾（せいびじゅく）を開く。

乗光寺　土佐藩屈指の儒学者・岡本寧浦の生まれた寺。高知県安芸郡安田町に現存。

田野（たの）**学館**　高知の致道館と並び土佐の藩校として栄え、清岡道之助、清岡治之助、中岡慎太郎ら数多くの人材を輩出し、中芸高等学校の源流となった。

した。

文久元（一八六一）年、慎太郎は、武市が結成した土佐勤王党に加盟し、いよいよ尊王攘夷の志士としての活動をスタートさせます。

文久三（一八六三）年、土佐藩で、土佐勤王党ら尊王攘夷派への大弾圧がはじまると、脱藩し長州藩に亡命、公家の三条実美《さねとみ》の随臣となり、久坂玄瑞、高杉晋作らと親しく交遊しながら、薩摩の西郷隆盛ら各地の志士たちとのパイプ役をつとめました。

元治元（一八六四）年の「禁門の変」*のときに、長州藩の遊撃隊に加わって負傷し、かろうじて生き残ったりもしていますが、慎太郎一世一代の大仕事といえば、坂本龍馬とのコンビで実現した「薩長同盟」が有名です。

海援隊をひきいる龍馬に呼応し、陸援隊をひきいて、龍馬とともに「薩長同盟」を実現にまでこぎつけた仲でありながら、龍馬とは意見の相違がありました。


禁門（きんもん）の変　元治元（一八六四）年、京都守護職・松平容保（まつだいらかたもり）の排除を目指して長州が起こした武力事件。蛤御門の変（はまぐりごもんのへん）ともいう。

大久保一翁（おおくぼ・いちおう）　幕末・明治期の政治家。幕臣でありながら開国論、大政奉還を主張。海舟とともに江戸無血開城の実現に力を尽くした。

勝海舟や大久保一翁*や松平春嶽*ら幕府ブレーンを信頼していた龍馬は、徳川家を一大名として残す考えだったのですが、慎太郎は「徳川家が、そうやすやすと一大名の地位に自分から降りるはずはない」と判断し、乾《いぬい》退助（のちの板垣退助*）を西郷隆盛に紹介して「薩土討幕密約」を結ばせるなどして、あくまでも討幕を主張したのです。

慶応三（一八六七）年一一月一五日、慎太郎は、京都の近江屋で龍馬とともに刺客に襲われます。龍馬はこのときに即死しましたが、重傷を追った慎太郎は、二日後の一七日に亡くなりました。

慎太郎が、高杉晋作と親しかったのは坂本龍馬以上でした。そのことを物語るこんな話が残されています。

慎太郎は、久坂玄瑞の都々逸《どどいつ》とともに、晋作の漢詩の一部を扇の面に書いて愛用したそうです。以下は、慎太郎が好んで扇面に書いたという晋作の漢詩の後半です。

松平春嶽（まつだいら・しゅんがく）　幕末期の大名。第一六代福井藩主。春嶽は号。有能な人材を門閥にとらわれず登用、開明的な政策をとり名君と称された。

板垣退助　明治時代の政治家。征韓論を主張して敗れ、西郷隆盛らとともに下野。民選議院設立建白書を提出するなど自由民権運動の先頭に立つ。明治一四（一八八一）年、自由党の総理に就任。

三尺の佩刀《はいとう》、三寸の筆
風流・節義、茲《ここ》の中に在り

佩刀とは、刀を腰におびることです。

この漢詩の現代語訳は次のようになります。

「腰間三尺の剣と三寸の筆さえあれば、色恋もけじめある正義の行動もすべてこと足りる」

もうひとつ、慎太郎の人間性を伝えるエピソードです。大庄屋見習いをしているときのことです。

万延元（一八六〇）年秋のこと、天候不順による不作で、北川郷の小島・和田・平鍋の三つの集落はひどい食糧難におちいりました。慎太郎は、近くの村々を走り回って薩摩芋五〇〇貫（一八七五キログラム）を手に入れ、救済に当てましたが焼け石に水でした。

「非常用貯蔵米が入った奉行所の蔵を開けてもらうしかない」

そう判断した慎太郎は、安芸郡の奉行所に訴え出ましたが、聞き届けてはくれません。

「こうなったら、おとがめを受けて腹を切ることになるかもしれないが、彼らの上司に直接会ってお願いするしかない」

そう決心した慎太郎は、高知城下の家老・桐間蔵人《きりまくらんど》（清卓《きよたか》）の邸宅を訪ねました。すでに夕刻であったために取り次いでもらえません。寒風の中、門前に座り込んで一夜を明かします。

翌朝、門前にいる慎太郎に気づいた桐間蔵人に向かって、慎太郎は必死に事情を説明し、懇願したのです。慎太郎のその真摯な態度に心を動かされた桐間蔵人は、翌日、奉行所の蔵を開放してくれました。このとき、慎太郎は二三歳という若さでした。この自己犠牲の精神で、慎太郎は日本国のために奔走したのです。

慎太郎の言葉にある「志」について、少し説明しておきましょう。

慎太郎は、陽明学者・岡本寧浦の門人で学問の師の間崎滄浪や清岡治之助、さらには親友の高杉晋作らを通じて、陽明学について知っていたはずです。

そこで、王陽明《おうようめい》の「立志」説を見てみると、そこにはこう書かれています。

「聖人になろうとすることこそ志である」（『弟に示す立志の説』）

「立志（志を立てる）というのは、善念（善い思い）を生長させ確立することである」（『伝習録』上巻）

「立志（志を立てる）とは、常に心に天理を養い育て、人欲をとり去ることである」（前掲）

天理を養い育てることとは、一朝一夕には実現できません。しかし、根気よくやり続けるなら、必ずや人は次第に向上し、心に善が充実すると美に、美から大に、大から聖に、聖から神へと進んでいける、というのです。

ここで王陽明について簡単にふれておきます。

陽明は明の学者であり、政治家、詩人、教育者としても知られています。宋の朱子の学説に対抗し、「知行合一」や「致良知」を説き、陽明学の祖と呼ばれています。守仁の名でも有名です。「知行合一」「致良知」については第3章で詳しく説明します。

陸援隊の幹部だった田中光顕*は、その晩年に、慎太郎を評してこう述べています。

「坂本先生の名がもっとも広く世につたえられています。しかし、私はその識見において、またその手腕において、中岡先生の方がはるかにまさっていたと思います。

維新の原動力が三条・岩倉両卿にあることを見抜き、ふたりの手をにぎらせたのも先生であります。

坂本・後藤に先だち、政権を朝廷に返させねばならんと言うたのも、先生であります」（松岡司『中岡慎太郎伝、大輪の回天』）

田中光顕（たなか・みつあき）明治時代の宮中政治家。武市半平太に師事し、土佐勤王党に加わる。その後、高杉晋作の弟子となる。維新後は、警視総監、宮中顧問官、学習院長などを歴任。宮内相を一一年間つとめ、宮中に絶大な権力をきずいた。

慎太郎は、犬猿の仲だった三条実美と岩倉具視という公卿のトップの二人を結びつけるという快挙を単独で成し遂げたのでした。

幕末期には、多くの志士たちが活躍しましたが、自藩の利益を考えず、欧米列強による外圧という未曾有の国難に対処した志士は、数えるほどしかいません。中岡慎太郎は、坂本龍馬とともに、そんな無私の志士の一人でした。

死して不朽の見込みあらば、いつでも死ぬべし——吉田松陰

「死して不朽《ふきゅう》の見込みあらば、いつでも死ぬべし」。この言葉の続きは「生きて大業《たいぎょう》の見込みあらば、いつでも生くべし」となっています。

現代語訳は「死んでもその名が朽ちることがないのであれば、いつでも死ぬべきでしょうが、生きていて大事業を成し遂げる見込みがあるのであ

れば、いつまでも生きるべきです」となります。

吉田松陰（一八三〇～五九）は、幕末の尊王論者・思想家・教育者で「明治維新の精神的指導者・理論者」として知られています。

文政一三（一八三〇）年、長州藩士・杉百合之助の次男として生まれました。

長州藩（現、山口県）は萩藩ともいいましたが、武士を上・中・下に分けた場合、杉家は二五石でしたので、下、つまり貧しい下級武士でした。

松陰が生まれたころの杉家は半士半農の生活をしていました。

松陰は、のちに熊本藩士の横井小楠《しょうなん》と出会い、小楠に刺激されてさらに学問に専念するようになるのですが、松陰も小楠も次男でしたので、意気投合するところがあったのではないでしょうか。というのは、次男は他家に養子に行かない限り、兄に食べさせてもらうしかなく、当然のことですが、結婚することもできませんでした。

しかし、松陰の場合は、小楠と違い、六歳のときに、山鹿流兵学師範であった吉田家の養子となります。

これは松蔭の妹・千代がその晩年に語った話です。

松陰は、幼いころから遊びということを知らず、同い年の子たちと凧あげやこま回しをして遊ぶということはまるでなく、常に机に向かって、漢文の本を読んだり、筆で何かを書いたりしていたそうです。運動や散歩もなく、手習い所や寺子屋に通うこともなく、実家の父や叔父の玉木文之進*について学んでいた、といいます。とにかく、厳格に育てられたのでした。

そして、厳しく鍛えられたその成果があり、一一歳で藩主の前で山鹿素行の『武教全書』を講義し、ほめられました。やがて、藩校・明倫館で学んでのち、日本国中を旅する人になります。九州、江戸、東北、四国、近畿を旅し、見聞を広めました。その間、佐久間象山《しょうざん》に師事して西洋砲術と蘭学を学び、かつ多くの本を読んでいます。

安政元（一八五四）年、ペリー再来の時、海外密航を企てて下田港のア

玉木文之進（たまき・ぶんのしん）　幕末期の長州藩士。教育者、山鹿流の兵学者。吉田松陰の父・杉百合之助の弟。松下村塾を開き松陰らを教育。「安政の大獄」で甥の松陰が捕縛されると、その助命嘆願に奔走したが、監督不行き届きにより万延元（一八六〇）年に代官職を剥奪された。明治二（一八六九）年、塾を再開したが「萩の乱」に多くの塾生が参戦、責任をとって自刃。門人に日露戦争の英雄・乃木希典がいる。

メリカ軍艦ポーハタン号に乗り込もうとして拒絶され、自首して投獄され、萩の*野山の獄に移されます。

松陰は、牢獄の中でも、学問を続けます。それも、同じく獄に身を置く人たちを巻き込んでのグループ学習を展開しています。松陰は、このころから、教育者としての才能を開花させるのです。

翌年、出獄、実家の杉家に謹慎の身となります。

家族のすすめで『孟子』を講義し、さらに自宅に松下村塾を開き、高杉晋作、久坂玄瑞、伊藤博文、山縣有朋《ありとも》ら約八〇人の門人たちの指導育成につとめました。幕末から明治にかけて活躍した志士たちの多くが、ここ松下村塾から巣立ちました。

安政五（一八五八）年、天皇の許可を得ないまま「*日米修好通商条約」を結んだ幕府を批判し、松陰は再入獄となります。その後、江戸へ移送され、幕府の取り調べに対し幕政批判を展開したため、安政六（一八五九）年、死罪となってしまいます。

野山の獄　士分の者を収容した上牢。維新史を語るうえでも重要な遺跡。萩市今古萩町に、当時の敷地の一部が残され、記念碑が建てられている。

日米修好通商条約　安政五（一八五八）年、江戸幕府がアメリカ駐日総領事ハリスと結んだ最初の通商条約。下田・箱館のほか神奈川・長崎・新潟・兵庫の開港、外国人居留地の設定などを定めた。

これを「安政の大獄」といいます。「安政の大獄」というのは、安政五〜六（一八五八〜五九）年に、大老・*井伊直弼が行った尊王攘夷派への弾圧のことです。

松陰は、ふたつの辞世を残しました。これは、弟子たちに残したものです。

身はたとひ　武蔵の野辺に　朽ちぬとも　留《とど》め置かまし　大和魂

「わが身はたとえこの武蔵野の土になってしまおうとも、日本国の未来にむけてわが魂（思想。思い）をここに留めておこう」という意味です。果たそうと思って果たせなかったわが思い（思想）は、きっと弟子たちが受け継いでくれるだろう、という願いが込められています。

もうひとつは、両親に残したものです。

井伊直弼（いい・なおすけ）　彦根藩第一五代藩主。幕末期の江戸幕府の大老、一八五八年、天皇の許しを待たずに「安政五ヶ国条約」に調印、開国を断行。反対する勢力を弾圧して「安政の大獄」を起こし、一八六〇年、桜田門外で水戸浪士らに暗殺された。

親思う 心にまさる 親心 けふのおとずれ 何ときくらん

「子が親を思う心よりも、子を思いやる親の気持ちのほうがはるかに深いものだ。今日、私が死んだことを知ったら、親はどう思うだろう。さぞや悲しむに違いない」という意味です。松陰は、最後の最後まで両親のことを心配したのでした。

吉田松陰の言葉「死して不朽の見込みあらば、いつでも死ぬべし。生きて大業の見込みあらば、いつでも生くべし」には、死生観がよくあらわれています。

三〇歳で亡くなる直前の人の言葉とは思えない、まさしく大悟した人の言葉といっていいでしょう。

松陰の言葉の内容についてさらに解説しておきましょう。

右記の言葉は、江戸の伝馬町の獄で斬首の刑を受ける三カ月前の安政六（一八五九）年七月中旬に、高杉晋作にあてて書かれた手紙の中にあります。以下、現代語訳したものを掲げておきます。

高杉晋作は、師である松陰に、男の死に場所について問いを発したことがあったようで、それに対して、松陰は、次のように答えています。


「あなたは、私にこう質問してきましたね。〈男子たる者の死に場所について、どう思われますか〉と。僕は、昨年の冬以来〈死〉という一字に関してとても明らかになったことがあります。それに関しては、明代*の思想家・李卓吾《りたくご》の『焚書《ふんしょ》』にとても助けられました。李卓吾の説は、とても長文なのですが、要約していいますと、こういうことです。

死は、好むべきではないが、だからといって、悪《にく》むべきものでもありません。道を尽くせば心が落ち着く、これがつまりは死にどころなのです。

世の中には、肉体は生きていても、心が死んでいる者がいます。その逆に、肉体は滅んでいるというのに、その魂は、生きている者がありま

明（みん）　中国歴代王朝のひとつ。元、明、清と続く。一三六八～一六四四年をいう。

す。

心が死んでいるのでしたら、生きていても意味がありません。その逆に、魂が生きているのなら、たとえ肉体が滅びてしまったとしても損ではありません。

また、非常に才能ある人が、いっときの恥を忍んで生きて、大事業をなしとげるというのは、なかなか素敵ではありませんか。

また、私欲がなく、私心がない人が、ただ生をむさぼっているのも、のちに必ず大事業をなしとげるためでしょうから、非難するべきではありません。

死んでその名が朽ちることがないのであれば、いつでも死ぬべきでしょうが、その反対に、生きていて大事業をなしとげる見込みがあるのであれば、いつまでも生きるべきでしょう。僕が思うには、生死にはこだわらないで、ただ言うべきことを言うだけです」（「高杉晋作あて、安政六年七月中旬」）

松陰が絶賛している明代の思想家・李卓吾という人物は、王陽明の孫弟子にあたる陽明学者です。それも、陽明学派の中でも、実践的、実用的な陽明学左派の一人です。

松陰は、同じ手紙の中で「王陽明の『伝習録《でんしゅうろく》』には、本当の味わいや趣があります。陸象山*の言葉〈六経*みな我注脚〉これなどはとても味わい深い考え方です」などとも述べています。

伝馬町の獄中という逆境にあっても、松陰は、王陽明の言行録の『伝習録』や陸象山の書を読んでいたのでした。

陸象山と王陽明の学問を総称する「陸王の学」という言葉がありますが、陸象山は、王陽明がその思想を高く評価したこともあって、当時から、陽明学の先駆者として知られていきます。

「六経みな我注脚」というのは「六経、つまり儒教で貴いとする六種の経典《けいてん》は、みなわが心の注釈書である。それが聖人賢者といわれる孔子や孟

陸象山（りく・しょうざん）中国、南宋の儒学者・官僚。朱子の「性即理」説に対して「心即理」説を唱えた。その思想は王陽明に継承され、陽明学の源流となった。

六経（りくけい）六芸（りくげい）とも。儒教経典のうち重要な六種をいう。詩経、書経、礼記、楽経、易経、春秋のこと。

子の言葉であったとしても、盲目的に信じてはいけない。吾が心の光に、良知に照らして判断すべきだ」という意味です。

誰かにいわれたことを盲目的に信じて行動するのと、自分の心で納得したうえで行動するのとでは、まるで違います。自分の心で納得して行動するということは、こちら側に、私に主体性があるということを意味しているからです。

松陰の言葉を理解するうえで、もうひとつ、とても参考になる手紙があります。その手紙とは、四月二二日ころに門人の入江杉蔵*にあてたものです。

「杉蔵、杉蔵、憤慨することはもうやめよう。私は、生命がおしいのか、腹が決まらないのか、学問が進んだのか、忠孝の心が薄くなったのか、他人の評価はどうであれ、自然にまかせると決めました。

死を求めることもなく、死を避けることもなく、獄にあっては獄中で

入江杉蔵　幕末期の長州藩士。松下村塾四天王の一人。長州藩の足軽・入江嘉伝次の長男。足軽から武士の身分に取り立てられ奇兵隊の参謀となった。「禁門の変」で重傷を負い、その場で自刃。享年二八歳。

できることをします。獄を出れば、出てできることをします」

生死のことは、自然にまかせると決心した、と述べています。
松陰は、同じことを、別の個所で次のように述べています。

「かならずや利害を心から絶ち、死生を念頭におかず、国のみ、君のみ、父のみを思うべきである」（『丙辰幽室文稿』「久坂生の文を評す」）

松陰は「生死一如《しょうじいちにょ》」の境地になっていたのでした。
その事実を物語るエピソードがあります。松陰の最期のようすに関しては、いろいろ評価がわかれるようですが、これは、松陰が刑死するその日、実際に松陰の首を斬った「首斬り朝右衛門」こと山田朝右衛門吉利《よしとし》の息子で八世を継いだ吉亮《よしふさ》が語ったことですから、いちばん信頼できる話といえます。

「父の吉利もずいぶん名士を斬っております。安政六年…（中略）…儒者・頼三樹三郎*（三五）を斬り（手前どもの日記には三樹八郎と記してあります）、同月二七日、松平大膳太夫家来吉田寅次郎*（三〇）を斬っておりますが、あの有名な〈親を思ふ　心にまさる親心　けふの音信《おとずれ》何と聞くらむ〉の辞世を、父があとでよく詠《うた》ってみなのものに聞かせました。さすがに松陰は立派な最後だったそうです。〈吾罪は　君が代おもふ　赤心《まごころ》の　深からざりし　兆《しるし》なりけり〉の頼三樹三郎のほうは、父の話ではやや未練があったそうです」（篠田鉱造『明治百話』「首斬朝右衛門」）

山田朝右衛門吉利は、よほど死を目前にしても動じない松陰の態度に感動したのでしょう、その辞世の句を家族に披露したというのです。

頼三樹三郎（らい・みきさぶろう）　幕末期の志士・儒学者。京都の人。『日本外史』で有名な儒学者・頼山陽の三男。将軍後継者争いが勃発すると、一橋慶喜（徳川慶喜）を支持する一派とともに朝廷に働きかけたが、「安政の大獄」で捕らえられ斬首された。

吉田寅次郎　長州藩士・吉田松陰の通称。

世間は生きている。理屈は死んでいる――勝海舟

勝海舟《かつかいしゅう》のことは、印善田中製作所の田中喜一氏との思い出を抜きにしては語れません。氏は数年前に亡くなられたのですが、大の勝海舟ファンでした。

その田中氏との出会いがなければ、私は勝海舟の真の魅力に気づくことはなかったに違いない、と今ではつくづくそう思えます。

そして、もうお一人、剣・禅・書を追及して書道家として高名になられた故・寺山旦中《たんちゅう》先生のことを思い起こしてしまいます。というのも、寺山先生の剣術は、海舟と同じ直心影流《じきしんかげりゅう》でした。

後述しますが、勝海舟は師範代をつとめるほどの腕前でした。そんな海舟の剣術の師・男谷信友《おたにのぶとも》（精一郎）と、信友の高弟の島田虎之助の門流にある臨済宗の禅僧・大森曹玄という人が、寺山旦中先生の師でした。

中浜万次郎　江戸末期の幕臣。ジョン万次郎とも呼ばれる。もとは土佐の漁師。一四歳のとき出漁中に遭難、米船に救われ、ジョン・マンと改名してアメリカで教育を受けた。嘉永三（一八五〇）年帰国。幕府に登用され、外交文書の翻訳、軍艦操練所教授などをつとめた。維新後は開成学校（現、東京大学）教授となる。

勝海舟（一八二三〜九九）といえば、坂本龍馬の師として知られていま す。また、官軍の西郷隆盛との交渉で、江戸城を無血開城し、江戸を戦禍から救った人物としても有名です。もうひとつ、咸臨丸を指揮して太平洋を横断し、帰国したことがあげられます。

遣米使節の一行は、アメリカ海軍のポーハタン号に乗船、咸臨丸は護衛として付き添ったのでした。このときの咸臨丸の乗組員は、日本人九四名、ジョン・M・ブルック海軍大尉らアメリカ人一一名。艦長は勝海舟、中浜万次郎*（ジョン万次郎）が通訳で、のちに慶応義塾大学の創設者となる福沢諭吉*も奉行の従者、つまり付き人として乗船していました。

咸臨丸は全長約四九メートル、幅約九メートル、六二〇トン、一〇〇馬力、最大速度時速一〇キロのオランダ製の蒸気船でした。

アメリカへ向かうときには、アメリカ人のサポートがあったようですが、帰国のときには、純粋に日本人たちだけの航海でしたから、おおいに評価に値します。

福沢諭吉　豊前（ぶぜん）中津藩士。大坂で蘭学を緒方洪庵に学ぶ。江戸に蘭学塾（のちの慶応義塾）を開設。幕府遣外使節に三度随行して欧米を視察。維新後は、新政府の招きに応ぜず、明治元（一八六八）年、慶応義塾を創設し、教育と啓蒙活動に専念した。主著『西洋事情』『学問のすゝめ』『文明論之概略』『福翁自伝』など。

文政六年、江戸本所（現、墨田区緑四丁目）に貧乏旗本・勝小吉《こきち》の子として生まれています。通称は麟太郎《りんたろう》、海舟は号です。

一三〜四歳のころから父・小吉の本家で従兄弟の男谷信友の道場に通い、その後、男谷信友の師範代をつとめる島田虎之助に入門し、剣術・禅を学び、二一歳のときに直心影流剣術の免許皆伝となっています。

男谷信友は、その死後「剣神」と仇名されました。つまり、それほど強い人でしたが、その男谷信友が海舟に「もう剣術の世の中でなくなるよ。蘭学をやり、海軍のことを学んだがいいねえ」とすすめたそうです。自室に、諸葛孔明《しょかつこうめい》の肖像を掲げていた男谷は、剣も強かったが、先見の明もあった人でした。

また、もう一人の師、島田虎之助は、剣術だけではなく、起倒流《きとうりゅう》柔術も学び、儒学や禅をも修め「剣は心なり」といって、心を正すことの大切さを説きました。海舟の人間としての土台は、父や父の従兄弟の男谷信友や、島田虎之助らによってはぐくまれたのでした。

佐久間象山　幕末期の思想家・兵学者。妻は勝海舟の妹。嘉永（かえい）七年、吉田松陰の密航事件に連座し、投獄、蟄居となる。西洋の科学技術の修得による国力の充実を主張し、京都で攘夷派に暗殺された。

阿部正弘　備後（びんご）福山藩（現在の広島県福山市）第七代藩主。江戸末期の老中。幕末の動乱期にあって、ペリーとの間に日米和親条約を結び、洋学所・海軍伝習所を創設するなどして開国政策を推進し「安政の改革」を断行した。

一六歳で家督を継ぎ、一家の当主、家長となります。財産の管理も任せられて、家族を養う義務を負ったのです。

二〇歳ころから蘭学と西洋兵学を学びはじめていた海舟は、二二歳のときに、佐久間象山*のもとを訪れ、親しく出入りするようになり、二三歳で結婚、二八歳で赤坂田町に私塾を開きます。私塾では、蘭学と西洋兵法を教えましたが、当時、洋学を学ぶことは、人々から白い目で見られた、まだまだそんな時代でした。

海舟三一歳の年の嘉永六（一八五三）年、ペリーの黒船来航に際し、海防に関する意見書の募集に応じて幕府に提出した意見書が筆頭老中・阿部*正弘（三五歳）の目にとまり、安政二（一八五五）年、長崎の海軍伝習所*に入門します。

その後、幕府海防掛の大久保一翁《いちおう》（忠寛《ただひろ》）（三七歳）や薩摩藩主・島津*斉彬（四五歳）らとの縁もでき、彼らから大きな影響を受けました。

余談ですが、海舟、阿部正弘、大久保忠寛らの年齢を知って驚くのは、

海軍伝習所　安政二（一八五五）年に、オランダ海軍の協力のもと、江戸幕府が海軍士官養成のため、現在の長崎市に設立した教育機関。

島津斉彬（しまず・なりあきら）　江戸末期の薩摩藩の第一一代藩主。西郷隆盛ら幕末に活躍する人材も育て、短期間に薩摩藩の富国強兵に成功した名君。

私だけではないでしょう。とくに、海舟を抜擢した阿部正弘の筆頭老中という地位は、今でいう内閣総理大臣に相当しますが、この正弘が老中になったのは、二五歳という若さでした。

親の七光などではなく、正弘には実力もありました。正弘の魅力を物語るエピソードがあります。

正弘は、人の話をよく聞いたそうですが、その一方で、自説を口にすることがほとんどなかったので、ある人がそのことについて、質問したところ、笑いながらこう答えたといいます。

「自分の意見を述べてもし失言だったら、それを言質に取られて職務上の失策となる。だから人のいうことをよく聞いて、善きを用い、悪しきを捨てようと心がけている」（松平春嶽『雨窓閑話稿』）

阿部正弘は、四年後、三九歳で急死してしまいますが、正弘のような上司がいたからこそ、海舟はその才能を開花させることができたのです。

万延元（一八六〇）年、三八歳のとき、海舟は「日米修好通商条約」の最終確認と同意を目的とした批准《ひじゅん》書交換のための遣米使節の護衛を命ぜられ、咸臨丸を指揮して渡米、一月一三日に品川を出帆、五月初旬に帰国し、無事その使命を果たしました。

その後、幕府海軍に復帰し、軍艦操練所頭取を経て軍艦奉行に就任、神戸に「海軍塾」と「神戸海軍操練所」を設立、人材育成につとめ、幕臣だけでなく坂本龍馬ら脱藩志士たちも門人として受け入れ教育しました。

慶応四（一八六八）年にはじまる戊辰戦争*では、海舟（四六歳）は、幕府側代表として徳川家存続を条件に西郷隆盛と会談、江戸無血開城*に尽力しました。

維新後、伯爵となった海舟は、旧幕臣を代表する形で新政府に入り、海軍卿、枢密顧問官などの要職をつとめ、かげながら旧幕臣たちの就職の斡旋や資金援助といった身の上相談に力を尽くしています。

戊辰戦争（ぼしんせんそう）一八六八年（戊辰）一月の京都での「鳥羽・伏見の戦い」から、翌年五月の北海道「箱館戦争」における榎本武揚の降伏までをいう。

江戸無血開城　幕末史に残る偉大な平和的解決。慶応四年（一八六八）三月から四月（旧暦）にかけて、明治新政府軍と旧幕府との間で行われた軍事的交渉。幕府側の抵抗なく一滴の血も流さずに新政府側に江戸城が明け渡された。

明治三二（一八九九）年一月二一日、死去、享年七七歳。主な著書に『氷川清話』『海舟余波』などがあります。

「世間は生きている。理屈は死んでいる」という言葉は、勝海舟の代表作といっても過言ではない晩年の語録『氷川清話』の中の「歴史と人生について」にある言葉です。

『氷川清話』とは、弟子やファンを相手に海舟が語った思い出話を、吉本襄《のぼる》が集めて編集し、明治三一年秋ころに刊行したものです。編集者の吉本襄は、土佐陽明学派に属する陽明学者でもありました。

ところで、このことはあまり知られていませんが、現在、この『氷川清話』には、ふたつのタイプが存在しています。

ひとつは、本書でも参考資料として使わせていただいている勝部真長《かつべみたけ》・編『氷川清話』（角川文庫）のタイプです。いわゆる吉本襄編集本です。

もうひとつは「従来の流布本を徹底的に検討し直し、疑問点を正し、未収録談を拾い上げ再編集した決定版」と説明書きがありますが、江藤淳・

松浦玲・編『氷川清話』（講談社学術文庫）です。

吉本襄の手が加わる前の原稿を見つけ出して、再検討したもので、吉本襄の編集本を一度読んだ人も、本書は一読の価値ありと思います。

「世間は生きている。理屈は死んでいる」を含む文章は以下のようになっています。


「世のなかのことは、時々刻々変遷きわまりないもので、機来たり機去り、その間実に髪《はつ》を容《い》れない。こういう世界に処して、万事、小理屈をもって、これに応じようとしても、それはとても及ばない。

世間は生きている。理屈は死んでいる。

この間の消息を看破するだけの眼識があったのは、まず横井小楠で、この間に処して、いわゆる気合いを制するだけの胆識があったのは、まず西郷南洲（西郷隆盛）だ。おれが知人のなかで、ことにこのふたりに推服するのは、つまりこれがためである。

これまで民間に潜んでいた若手も、おいおい天下の実務にあたるようになってきたのは、いかにも結構だが、今の若い人は、どうもあまり才気があって、肝心な胆力というものが欠けているからいけない。いくら才気があっても、胆力がなかった日には何ができるものか。天下のことは、口頭や筆端《ひったん》ではなかなか運ばない。なにしろ今の世の中は、胆力のある人が一番必要だ」

要約しますと次のようになります。

「世の中というのは、人が生き物であるように、人の集まりである世の中も、やはり生きていて、チャンスがやってきたり、チャンスが去っていったりと、常に変化している。そしてそのプロセスには、髪の毛一本入る隙間もない、つまり止まっていることなどないのだから、そういう世の中に対して、理屈で対処できるはずもないのだ。

世間は生きているし、理屈は死んでいるのだ。

世の中の動静を見通す眼力があったのは、熊本藩士の横井小楠であり、世の中の動静に対処して、勢いをコントロールすることのできる胆力（強い精神力）と見識があったのは西郷隆盛だ。

私が、知人の中で、とくにこのふたりに心服するのは、これらの理由からである。

これまで民衆の間に潜んでいた若者たちも、だんだんと世の中の実務に対処するようになってきたのはおおいに結構だが、今の若い人は、よく気がついて、上手に物事を処理する知的能力、つまり才気はあるのだが、肝心な胆力というものが欠けているからいけない。いくら才気があっても、胆力がなかったらどうしようもないのだ。世の中のことは、口先や文章力で対応できるものではない。なにしろ今の世の中は、胆力のある人が一番必要である。」

小・中・高だけではなく、大学ほどそうですが、学校では、知識や技術をたくさんストックすればするほど「よい」とほめられてきたのでしょう。

でも、それは単なる理屈であって、世間では通用しない。なぜなら、人も生き物だし、人の集まりの世間も生き物だから、というのです。

勝海舟がいおうとしていることを、果たして私たちはどれほどわかっているのでしょうか。

勝海舟は、若いころにこんな経験をしています。以下、『氷川清話』の「自己の経験について」〈死生をくぐる経験（理屈と実際は違う）〉を参照してみました。

長崎の海軍伝習所の学生だった安政四年のことです。三日ばかりの休日があったので、海舟は教師に願い出て、遠洋航海を試みることにしました。

このとき、教師から「この二、三日は天気が危ないから、もう少し先に延ばせ」といわれたのにもかかわらず「すでに海軍に出ている以上は、難破して死ぬのはもとより覚悟だ」そういって、強行しようとします。

教師は、今度は「一五、六里ぐらいを限りにして、それより遠方へは出るな」と注意したのですが、五島列島あたりまで遠出してしまい、嵐にあいます。

あわてた水兵たちは、海舟の指図どおりに動いてはくれず、とうとう暗礁に乗りあげてしまうのです。

船に穴があいて、海水がどんどん入り込んできて、沈没しそうになり、海舟は死を覚悟して「自分が愚かで、教師の命令を用いなかったために、諸君にまでこんな難儀をさせる。実に面目もないしだいだ。自分の死ぬのはまさにこのときだ」と叫んだところ、水兵たちは、この言葉に励まされ、勇気を出して、海舟の指図に従いました。

そのおかげで、運よく暗礁から脱出し、船を修理し、長崎へ戻ることができたのでした。

翌日、海舟は、オランダ海軍軍人のヴィレム・カッテンディーケという教師に、謝りに行きました。

カッテンディーケは、笑いながら「それはよい修行をした。いくら理屈を知っていても、実地に危ない目にあってみなければ船のことはわからない。危ない目といっても一〇度が一〇度ながら各別なので、それに遭遇するほど航海の術はわかってくるのだ」と教えてくれました。

海舟は「このときにおれは、理屈と実際とは別だということを、いよいよ明らかに悟ったよ」と語っています。

また、経済について、勝海舟はこんなことを語っています。


「徳川の末から、経済のことについては、死ぬほど苦しい目にあったので、随分経験をつんで、今ではこればかりはおれの得意だ。しかし、おれの経済は大変長くかかるよ」（勝部真長・編『氷川清話』「日本の財政について」〈わが国の通貨の由来〉）

勝海舟は、経済が得意であったという話は、あまり知られてはいません。

具体的には、次のような体験談を披露しています。

「日本のただいま不景気なのも、別に怪しむことはないのだ。とにかく、経済のことは経済学者にはわからない。それは理屈一方から見るゆえだ。世の中は、そう理屈どおりいくものではない。人気というものがあって、何事も勢いだからね。

　世間では、不景気だなどと嘆いているが、これは上に立つ人の心掛け一つでずいぶん救済の方法もあるのだ。

　おれが江戸城引き渡し後の始末をつけたときは、なかなか今日ぐらいのことではなかった。いつかも話したとおり、江戸は大坂などとは違って、その繁昌は何も商業が盛んだとか、物産が豊だとかいうのではなくて、ただ諸大名や旗本*が多勢住んでいたからだ。

　それゆえに幕府が一朝《いっちょう》瓦解《がかい》すれば、江戸はたちまち衰微して、百万の人民は明日から食うものがないという騒ぎだ。

　しかし幸いに〔首都を江戸にするという〕遷都の儀も行なわれて、士

旗本　江戸時代、将軍直属の家臣のうち、禄高が一万石以下で、御目見（おめみえ）（総登城や年賀節句など将軍が出御する儀式に参列することが許されている者）以上の格式を有する者を「旗本」と称した。

地もあまり衰微せず、横浜も開港場になったから、そこへ移って商売を始めるものもでき、どうかこうか餓死は免れたが、しかしその当時は、おれもずいぶん困ったものよ。

その中でも、ことさら困ったのは、いわゆるならずものの連中で、彼らは窮《きゅう》すればどんなことでもやりかねないのだから早く何とかしてやらなくてはいけない。そこでおれはかねてこの社会の親分を調べておいたから、自分でそれを尋ねて行って、子分を動かさないように頼みこんだ。

然諾《ぜんだく》（約束）を重んずる点においては、さすがにあの社会はえらいもので〈よろしい。請け合いました〉といったら、それはもはや大丈夫のものだ。

しかしいくらならずものだといって、食わないではいられないから、それぞれ手当の金はお上からくれてやったのだ。

それから待合とか、料理屋とか、踊りの師匠とか、三味線の教師とか、一番世間の景気に関係する所へは、またそれぞれ金をくれて、今日に困るということのないようにしてやった。

　こういうふうにして、とにかく世間を不景気に陥らせないように防いで、さて一方では銘々相当な職業にありつかせるように奔走してやったから、江戸も衰えるどころではない、だんだんに繁昌してきたのだ。

　その骨折りというものはとてもひととおりのことではなかった。

　例えば貧乏人に金をくれてやるのでも、下手をするとかえって弊害を増すばかりだから、ちょっと人の気がつかないようなふうにうまくくれるのだ。その呼吸はなかなかむつかしいが、また旗本のお歴々が零落して古道具屋でも始めていると、夜分などに知らないふりでそれをひやかしにいって、一品か二品か言い値で買ってやるという具合だ。そうすると、この人は自然商売に面白味ができて、いつとなくりっぱな商人になるのだ。

（中略）ちょうど維新の始めであったが、万事改革の際とて、財政ごときも非常な困難をきわめた。中にも一番その処置に憂慮したのは、かの旧諸大名が藩政の弥縫策《びぼうさく》として贋銀を発行したのが、海外にも流れておったものだから、この際、横浜居留の外国人は、おのおの公使によって、公然と引き換えをわが当局者に迫ったことだ。

さすが英断明識の大久保*〔利通〕内務卿も、その引替え金額の多寡がわからないのみならず、当時国庫の準備金も僅少であったから、これには少々当惑して、ついに伊知地幸介《いちぢこうすけ》を立会人として、おれのところへ相談にきた。

そのとき、おれは禅宗坊主の一棒に擬して〈皆引替えろ〉と一喝した。

ところがさすがは大久保だ。大いに悟るところがあったとみえて、断然引替え決行の旨を各国公使に通知したが、その額は案外に少なく、わずかに数十万円に過ぎなかったそうだ。

ひっきょう、おれはいかに諸大名が贋銀をしても、たいてい高が知れ

大久保利通　明治期の政治家。薩摩藩（鹿児島県）出身。討幕派の中心人物で、薩長同盟の推進者。維新後は、版籍奉還・廃藩置県を敢行。西郷隆盛の征韓論に反対し、「明治六年の政変」で西郷らを失脚させた。その後、明治政府のトップ・リーダーとなり、富国強兵、殖産興業を推し進めたが不平士族により暗殺された。

ていると考えたから〈皆引替えろ〉といったのさ。

なあに、熟考の上で決行すれば、やれないことは天下にないさ」（勝部真長・編『氷川清話』「日本の財政について」〈景気と不景気と人気〉）

これらのいくつかのエピソードに代表されるように、勝海舟のいいたいことというのは、「理屈と実際とは別だ。〈気〉〈根気〉〈胆気（度胸）〉〈呼吸〉〈無我〉が大切だ」ということです。それらを、ひっくるめていえば「心」、「強い心が大切だ」ということです。

理屈、つまり合理的なものだけで世間は動いているわけではありません。非合理的なもの、たとえば宗教や芸術や、あるいは好き嫌いといった感情も、この世の中を動かしているのです。

頭では、理屈では、こうしたほうがいいとわかっていても、感情がそうすることを許さないということが、よくあります。たとえば、いじめや人殺し、あるいは戦争は決してよくない、やってはだめだ、ということは、誰であれ頭ではわかっている、知識として知っています。

ですが、実際には、いじめも人殺しも戦争もこの世からなくなりません。なくならないのだから、放っておくしかない、などといいたいわけではありません。強い心さえあれば、感情にまかせて人をいじめたり、殺したりすることは少なくなります。

海舟は次のように語っています。


「一時の感情に制せられず、冷ややかな頭をもって国家の利害を考え、群議を排して自分の信ずるところを行なうというには、必ず胸中に余裕がなくてはできないものだ」〈前掲「古今の人物について」〈岡本黄石〉〉

進むときは人に任せ、退くときは自ら決せよ——河井継之助

「進むときは人に任せ、退くときは自ら決せよ」。この言葉は、越後長岡*藩家老・河井継之助《かわいつぐのすけ》（一八二七～六八）の言葉です。あるいは、「出るとき進むときは人の助けが要るが、おるとき退くときは己の力のみである。自ら決せよ」と記される場合もあります。

以降、継之助が右記の言葉を口にしたときの背景を探ってみます。継之助という人物を知るうえでも、とても興味深いエピソードがあります。

ある日、長岡藩邸から、継之助に呼び出しがかかりました。

「イギリスからの強い抗議があって、各藩は家族を帰藩させているところでもあり、近々にイギリスと戦闘になるかもしれない。よって横浜警備の隊長を命じる」

これに対し、継之助はこう返事をしました。

越後長岡藩　現在の新潟県長岡市・新潟市を支配領域に含む藩。藩訓は「常在戦場（常に、戦場に居るつもりで仕事をし生活をすること）」。

「〈部下である兵たちの命を私にあずけるという〉〈生殺与奪の権〉を与えてくださるのでしたら、つつしんでお受けいたしますが、それができないのでしたら、お断りします」

家老は「藩の規則として、生殺の権利までは与えることはできない」と答えました。

継之助は「平常時であればそれでもかまいませんが、戦陣にのぞむということであれば、何かことあるごとに、いちいち藩に問い合わせなければ人ひとりも殺せないというようなことでは、それが君命であっても、その任務をまっとうすることはできませんので、お断りするしかありません」

そういって、その夜のうちに古賀茶溪*の塾にもどってきました。

古賀先生が「今朝、藩のご用事で屋敷に行かれたようだが、どういうご用であったのか」

とたずねてこられたので、継之助は、藩邸であったことを話して聞かせました。

古賀茶溪（こが・さけい） 幕末・明治期の儒学者・洋学者。江戸生まれ。父・洞庵から儒学を学び、幕府に仕えながら、父の家塾・久敬舎を引き継ぎ、儒官（昌平坂学問所の教官）となる。洋学所の頭取（校長）を経て、製鉄所奉行・目付などを歴任。維新後は、新政府からの招きを断り、静岡へ移住し、中村敬宇（正直）と交遊、明治六年に東京に戻った。

先生が「国家の一大事にあたり、一介の書生を抜擢して横浜の警備という大役をゆだねるというのは、誠にありがたい話である。それを、軽率にお断りするというのは、どういうことですか。祖先以来、大恩を受けている御主人の命令をあまりにも軽く思っているのではないですか」

と問うと、継之助は答えて次のように語りました。

「人というものがこの世に居るには、〈出処進退〉の四つが大切なものでございます。

そのなかの、進むと出るということとは、ぜひ、上の人の助けを必要としなければなりませんが、居ると退くほうは、人の力を借らずに自分ですべきもの、いま、私が藩の政権を執ろうとするには、人の助けもいりますが、退いて野に居るには、人の世話にはまったくならないでもいい、ちょうど丸い石を山の上から落とすようなもので、誰かが手を出さなくても石自身の力で谷底まで落ちる。

私が君命をご辞退して帰ったのは、あたかも石自身の力で谷底まで落ちるようなものでありますので、誰も手だしができるものではありません」

先生も「それはそうだ」といって喜ばれました。（今泉鐸次郎『河井継之助傳』「第三章 再度の遊学」）

「出処進退」とは「世に出て仕えることと、退いて民間にあること」、言い換えれば「今の役職・地位にとどまるか、それをやめて退くか、という身の処し方」をいいます。

「進むときは人に任せ、退くときは自ら決せよ」の言葉は、正確には「進むと出るということは、ぜひ、上の人の助けを必要としなければなりませんが、居ると退くほうは、人の力を借らずに自分ですべきもの（進むと出づるということは、ぜひ上の人の助けを要さなければならぬが、居ると退くほうは、是は人の力をかりずに自分ですべきもの）」となります。

つまり、継之助は「世に出ることと仕えることは、どうしても誰かの助けを必要とするが、退くことと民間に身を置くことは、人の力を借りなくてもできることなので、自分ですべきだ」と述べているのです。

この言葉で、吉田松陰の『講孟箚記』*にある言葉を思い出します。

「私心さえ除き去るならば、進むもよし退くもよし、出るもよし出ざるもよし。私心がまだ除き去られないと、その進退出処みな私心に拘《とら》われて、道に反することとなる」

会社であれ官庁であれ、出世した人が「辞めたい」と口にしたとしても、「辞めていい」とはなかなかいえず、たいていの場合、ずるずるとその地位にしがみつくことになるようです。ですが、引き際がきれいな人と、そうではない人とでは、その評価はまるで違ってきます。

また、地位にしがみついているのか、そうでないのかは、当の本人にしかわからないことです。ですから、吉田松陰は私心を除くことを説いたの

講孟箚記（こうもうさっき）　安政二年、野山の獄中内で囚人に対して行った『孟子』の講義と、出獄後、家族のすすめで再開した講義とを一冊にまとめたもの。「陸軍中野学校」でも、教材として用いられた。

です。

河井継之助の、さきほどのエピソードの続きはこうなります。

三日ほどたって、継之助はまた藩邸に呼び出されました。

今度は、古賀塾に帰ってくるなり荷造りをして、机や行燈《あんどん》などを片づけて出て行きました。継之助は、生殺与奪の権利をゆだねられたというわけです。

兵隊を引き連れて、横浜へ行く途中で、品川の遊女屋の前を通ると、継之助は馬から降りて遊女屋の二階に上がってしまいます。

それから隊のリーダーたちを呼んでいいました。

「ここでゆっくり遊ぶので藩邸へ帰りたいものは帰るがいい。横浜へ行って警備につきたいものはつくがいい。遊びたい者は遊びなさい。何でも自由にしていい」といったのです。

そのことが藩邸に伝わり「とんでもないことをする。途中でそんなことをしてはならない」と、呼びもどされました。

すると、継之助は「生殺与奪の権利をすべて私にゆだねたのであれば、御屋敷の御門を出た以上、私の勝手というものです。それを、なぜ呼びもどされたのですか。そういうご委任の仕方では、もとの通りにお返しするよりほかはない」といって、また、塾に帰ってきてしまいました。

古賀先生が「どういうわけだ？」と問うと、

「なに、あれはイギリスから威《おど》されているのです。いったい、日本がビクビクしているからいけない。イギリスもほんとうには戦うつもりなどない。それに、あれほどの人数の兵をひきいて、三カ月も四カ月も横浜にいたら、それこそ藩の経済は大変なことになってしまう。幕府に対して、申しわけ程度の少しの兵を出しておけば、それでいいのです。

幕府も戦火を交えるというのは嘘です。イギリスも、戦をするというのは嘘ですから、戦争の起きようがない。そこで、こちらとしても遊女屋で遊んでいればそれでちょうどよい」（前掲）

継之助の有能ぶりを物語ってあまりあるエピソードです。

河井継之助のその後ですが「生殺与奪の権を与えた以上、何をしようが私の勝手ではないか」という、理屈は通っていますが、その不遜なやり方や態度が上司の怒りを買うのは、今も昔も変わりません。継之助は「お叱り」という罰を受け、藩邸に二日ほど謹慎させられたそうです。

河井継之助は、号の蒼龍窟《そうりゅうくつ》でも知られています。

越後長岡藩の勘定奉行・河井代右衛門の次男として生まれました。茶道をたしなみ、刀剣にも詳しい風流な父と、聡明で厳格で、算術に優れていた母・長谷川貞子に育てられた継之助は、幼いころから強情で腕白だったといいます。父の命令で、儒学や詩文、剣術、弓術、槍術、馬術を学びましたが、その腕白ぶりを発揮してずいぶんと先生をてこずらせたようです。

その一方で、幼いころから読書がとても好きだったそうです、といっても多読ではなくて精読ですが、その伝記に「一七歳のとき、鶏を割《さ》いて王陽明を祭り、高らかに立志を誓った」とあるのは、有名な話です。

当時の藩校の校長は、陽明学者・佐藤一斎*の私塾で塾頭（塾生のリーダー）をつとめた高野松陰という人で、長岡藩に初めて陽明学を伝えた人だといわれています。文武両道の継之助は、この高野松陰から陽明学を学んだのでした。

嘉永五（一八五二）年、二六歳のとき、継之助ははじめて江戸に出ます。はじめは斎藤拙堂に師事しますが、そこを辞めて『王陽明全集』を持っているという古賀茶溪に師事しています。

当時、古賀茶溪は「火器（銃や大砲）と貿易と船舶は、今日の急務である」と主張していました。まるで勝海舟や坂本龍馬や横井小楠の説を思わせる意見ですが、高い見識の持ち主だったことがわかります。

江戸での継之助は、のちにジャーナリスト・作家となって活躍する福地源一郎*らとの交流を深め、佐久間象山に入門するなどして、勉学に励んでいます。安政六（一八五九）年、継之助（三三歳）は、

佐藤一斎　朱子学者、陽明学者。三三歳と若くして林家の塾長に抜擢され、昌平黌の儒官（総長）となる。主な著書に『言志四録』『近思録』など。西郷隆盛はこの『言志四録』を愛読した。

福地源一郎　ジャーナリスト、文学者。長崎県生まれ。文久遣欧使節と伊藤博文の渡米と岩倉使節団にそれぞれ随行。明治七（一八七四）年から二一（一八八八）年まで「東京日日新聞」を主宰。福地桜痴（ふくちおうち）として知られる。

「江戸には学問を職業のようにする者が多く、才徳を兼ね備えた実学の人は少ないけれども、佐藤一斎の塾で一緒に学んだ仲だったという高野松陰先生などから聞いた話では、備中松山藩の山田方谷という人は、実学の人で、藩政にたずさわり、国中の人々から神様のごとくにしたわれているそうで、是非山田方谷先生のもとで修業したい」（安政六年四月二四日付の父親にあてた継之助の手紙、意訳）

と、長文の手紙を書いて父親を口説き、五〇両（七五〇〜一〇〇〇万円）という大金を送ってもらい、陽明学者・山田方谷に師事しました。

その山田方谷ですが、備中松山藩の農商の家に生まれ、苦学した甲斐があって武士にとりたてられ、やがて藩主・板倉勝静《いたくらかつきよ》の懐刀《ふところがたな》となり、どん底にあえいでいた藩の財政の建て直しにその手腕を発揮、嘉永二（一八四九）年に藩政改革に着手してから約七〜八年で豊かな藩にすることに成功し、日本各地の藩主たちの注目を集めていたところでした。

継之助は、方谷の内弟子となり、藩政のあり方について多くを学び、また横浜、長崎などにも足を延ばして世界情勢にもその目を見開きます。

その後、継之助は、慶応元（一八六五）年、三九歳のとき、郡《こおり》奉行に抜擢され、御番頭、町奉行兼郡奉行、御年寄役（中老）を歴任し藩政を手がけました。この間、わずか一、二年で藩財政の確立に成功し、同時に兵制を改革し富国強兵につとめています。

今日では「慶応改革」と呼ばれているこの改革で特長的なことをひとつだけあげるとするなら「藩士の石高《こくだか》平均化」です。門閥の平均化を眼目とした改革で、藩士の知行《ちぎょう》、つまり給料を一〇〇石より少ない者は加増し、一〇〇石より多い者は減らしたのです。

慶応四（一八六八）年、戊辰戦争が勃発、家老上席となった継之助は、幕府側でも新政府軍側でもないという武装中立の立場を宣言しますが、新政府軍には受け入れられず、五月、奥羽越列藩同盟*に参加、旧幕府勢力側

奥羽越列藩同盟　戊辰戦争のころ、奥羽諸藩および会津藩・庄内藩が新政府から「朝敵」とされたことから、その汚名の赦免嘆願を目的として結んだ「奥羽列藩同盟」に、やがて、北越諸藩が加わり、計三一藩による軍事同盟となる。

として参戦します。

当時最新式のガトリング砲や銃を用いて、新政府軍と互角の戦いを展開しますが、同年七月末、流れ弾を左ひざに受けて重傷を負い、それがもとで藩兵の士気が低下、会津へ撤退を余儀なくされ、その途上の八月一五日、破傷風により死去。享年四〇歳（満四一歳）でした。

後日談になりますが、「長岡が落城のさい、官庫にはなお十一万四千八百余両を剰《あま》していたという。枢要の地位にあること二年有余、しかも多大の赤字を克服して、富国強兵に成功したのは、継之助の卓抜した手腕である。」（安藤英男『河井継之助のすべて』「あとがき」）

河井継之助が残した言葉といえば、そのほかにもいくつもあげることができますが、次に、二つ三つ紹介しておきます。一部、原文を読みやすくしています。

「人間というものは、棺桶の中に入れられて、上から蓋をされ、釘を打たれ、土の中へ埋められて、それからの心でなければ何の役にも立たぬ。

今の世間一般で心と思うのは、真の心ではない。今、世間で心というのを殺しぬいてしまってみないと、心ではないものを心として物を想像するのだから、曲がった定規で物を裁《た》つようなもので、裁てば裁つほど曲がる。この本源から着手していかなければ、善いことをしたとしても、みな上辺のことになってしまう。天下を治めととのえたとしても、〔それは一時的、表面的なことで〕根本から改造することはとうていむずかしい」（前掲『河井継之助傳』「第十章 知人の観たる蒼龍窟」）

一般的には、冒頭の言葉「人間というものは、棺桶の中に入れられて、上から蓋をされ、釘を打たれ、土の中へ埋められて、それからの心でなければ何の役にも立たぬ」がよく引用されるようですが、そのあとに続く言葉も味わってみると、継之助の発想がとても陽明学的であることがよくわかります。

継之助のいう「真の心」というのは、陽明学でいう「良知」、仏教でいう「仏性」のことです。継之助は、人々が普段に思っている心というのは、真の心ではない、と語っていますが、陽明学では、良知に気づくこと、自覚することがまず大切だと教えています。

また、冒頭の「人間というものは……」という言葉は、『葉隠*』にある有名な言葉「武士道というは死ぬことと見つけたり」や、某剣客の「切りむすぶ 太刀の下こそ 地獄なれ 踏み込みゆけば 後は極楽」、あるいは勝海舟のいう「無我の境地」と同じことを説いています。


余談ですが、勝海舟の「無我の境地」についてふれておきます。

勝海舟は、計二〇回ほど敵に襲われたことがあり、足に一カ所、頭に一カ所、脇腹に二カ所の傷が残っていたそうで、安政二年にはじめて海軍へ出てから維新のころまでの間に、胆《はら》がすわったのだと語っています。以下、

葉隠（はがくれ）　江戸時代中期、肥前国鍋島藩士・山本常朝（じょうちょう）が、鍋島藩のエピソードをまじえながら、武士としての心得について語ったのを、同藩士の田代陣基（つらもと）が筆録したもの。「武士道というは、死ぬこと見つけたり」の一節が有名。「どんな些細なことにも、ベストを尽くせ、自分を殺して（自分を捨てて）義を貫け」と教えている。

意訳です。

「危機にでくわして、逃げられないと判断したら、まず命をすててかかった。それにもかかわらず、不思議にも、一度も死ななかった。ここに精神上の一大作用が存在するのだ。

いったん、敵に勝とうと思ってしまうと、そのとたんに頭がカーッとしてしまい、胸はドキドキしてきて、やることがかえって裏目に出て、進むことも退くこともできなくなってしまう。

あるいは、逃げて守りに入ろうとすると、たちまち萎縮してしまって相手にいいようにあしらわれてしまう。〔誰であれ〕事の大小にかかわらず、この規則に支配されてしまうのだ。

おれもこの人間精神上の作用を悟って、いつもまず勝ち敗けへのこだわりをゼロにして、虚心坦懐《きょしんたんかい》（心に何のこだわりもなく、気持ちが伸びやかなこと）に、緊急事態に対応した。

そうすることで、小事では、刺客や乱暴者からの災難をまぬがれ、大事では、〈幕府〉瓦解前後の難局に対応し、ゆったりとしてあせることもなかった。

これは要するに、〈一〇代後半の四年間というもの、まじめに修行に取り組んだ〉剣術と禅学の二道から得ることのできたたまものであった」（江藤淳・松浦玲・編『氷川清話』「五、勇気と胆力」）

もうひとつ、個人的には、以下の河井継之助の言葉が好きです。これは、藩の同心に向かっていった言葉です。

「『大学』にせよ『論語』にせよ、また『詩経』『書経』にせよ、どれでも処世の教訓になる立派なことが書いてあるが、浄瑠璃本も読んで見るがいい。ためになる。浄瑠璃*は世態人情《せたいにんじょう》〈世の中のありさまと人情〉の機微を穿《うが》って〈的確にいいあらわして〉いるから、それを読んで少し

浄瑠璃（じょうるり）　室町中期に三河ではじまる語り物のひとつ。琵琶や扇拍子の伴奏で座頭が語っていたが、のちに三味線を伴奏に使って人形芝居と結びつき、人形浄瑠璃となった。その後、河東・一中・宮薗（みやその）・常磐津（ときわず）・富本・清元・新内節などの語り口の違う流派が派生した。

は人間の心を知るがよかろう。

人間は、どんなに偉くとも、人情に通ぜず、血と涙が無くては駄目だ」（前掲『河井継之助傳』「第十一章 逸事」）

幕末の志士たちの言葉、いかがだったでしょうか。いくつかは、きっと皆さんの心に届いたことでしょう。

第３章で詳しく触れますが、陽明学や禅仏教に代表される東洋思想では、知識、言葉、行動は、本来はひとつのもの、一体のものだと説いています。

知識や言葉が行動と別々になってしまうのは、私欲が邪魔をするからです。

たとえば、野球のピッチャーが、あと一人の打者を三振に取れば勝利投手になれると思ったとたん、急に体が硬くなって、思うように動けなくて、負けてしまうことがあります。

また、サラリーマンでいえば、企画会議などでかっこいいことをいおうと意識しすぎて、しどろもどろになってしまうなど、これなども、私欲が邪魔をする典型的な例といっていいでしょう。

志士の中でも一流といわれた人たちは、陽明学や禅仏教で自らを律し、かつその心を磨き、言葉や行動にもその成果があらわれていました。

勝海舟は次のように語っています。

「死をおそれる人間は、もちろん話すに足りないけれど、死を急ぐ人も、また決してほめられないよ」（江藤淳・松浦玲・編『氷川清話』「七、世人百態」）

死を恐れないから、その人には勇気がある、とはいえないということです。

継之助の読み方に関しては、安藤英男著『河井継之助の生涯』に継之助の実妹・牧野安子さんや甥の根岸錬次郎氏が「つぐのすけ」といっておられたとあるので、それに従いました。

では、勇気ある行動と、そして、実り多い生活を手にするには、どんなふうに考え、どんなふうに行動したらいいのでしょうか。第２章、第３章で、さらに志士たちの思想や行動を探っていきましょう。

第２章

陽明学に支えられた志士たちの行動

維新回天のヒーローたちは若かった

幕末維新の志士たちの若さには驚かされます。年齢はいずれも数えです。

坂本龍馬は三三歳で、盟友の中岡慎太郎は三〇歳で亡くなっています。松下村塾で、多くの若者たちを育てた長州藩士・吉田松陰が「安政の大獄」で刑死したのも、三〇歳のときでした。

松陰の門人の高杉晋作は二九歳で病死、久坂玄瑞は「蛤《はまぐり》御門《ごもん》の変」のときに二五歳で自刃して果てました。

新撰組の近藤勇は四〇歳代のイメージがありますが、享年三五歳（満で三三歳）、沖田総司などは、二四歳、二五歳、二七歳の三つの説がありますが、ともあれ二〇代で亡くなっています。

松陰と同じく「安政の大獄」で刑死した福井藩士で陽明学者の橋本左内

日本外史　江戸後期の文人・頼山陽の著書で二二巻からなる歴史書。政治権力が武士にゆだねられた由来を、源平両氏から徳川氏まで、漢文体で記したもの。

などは、なんと二六歳という若さで亡くなっています。

幕末のベストセラー『日本外史*』の著者として有名な頼山陽の三男で儒学者・頼三樹三郎も「安政の大獄」でとらえられ斬首されていますが、享年三五歳でした。

のちの貴族院議員*・海江田信義（有村俊斎）の弟の薩摩藩士・有村次左衛門は、もう一人の兄・有村雄介とともに脱藩して、尊王攘夷の志士として活動していましたが、大老・井伊直弼が「安政の大獄」で多くの有能な人々を処刑し弾圧したことに怒り、安政七（一八六〇）年三月、水戸藩士たちとともに井伊直弼の行列を襲いました。世にいう「桜田門外の変*」です。

有村次左衛門は、井伊の首をとったすぐあとで重傷を負い、間もなく亡くなるのですが、二二歳という若さでした。

次左衛門のもう一人の兄・有村雄介は、桜田門外の変に呼応して京都での挙兵を目指したのですが、幕府を恐れた薩摩藩によってとらえられ、自

貴族院議員　貴族院（衆議院とともに帝国議会を構成していた立法機関）を構成していた議員。当時の国会議員は、皇族議員・華族議員および勅任議員（多額納税者議員・帝国学士院会員議員・勅選議員）からなっていた。

桜田門外の変　安政七（一八六〇）年三月三日、大老・井伊直弼が、江戸城の「桜田門」外で水戸浪士ら一八名により暗殺された事件。

刃させられてしまいます。享年二六歳。

桜田門外の変で襲撃した側の志士たちは今日「桜田十八士」「桜田烈士」などと呼ばれていますが、その中から以下、襲撃に直接参加した二〇代三〇代の若者をピックアップしてみました。年齢は、斬罪や自刃などで亡くなったときのものです。全員、水戸藩の脱藩浪士です。

広岡子之次郎則頼《ひろおかねのじろう》（小普請。重傷負い自刃。享年二一）
佐野竹之助光明《さのたけのすけ》（小普請。自首後、傷により死亡。享年二一）
森五六郎直長《もりごろくろう》（馬廻組。自首後、翌年斬罪。享年二四）
大関和七郎増美《おおぜきわしちろう》（大番組。自首後、翌年斬罪。享年二六）
森山繁之介政徳《もりやましげのすけ》（町方属吏。自首後、翌年斬罪。享年二七）
広木松之介有良《ひろきまつのすけ》（町方属吏。逃亡後、翌々年自刃。享年二七）
蓮田一五郎正実《はすだいちごろう》（市五郎も可）（寺社方。自首後、翌年斬罪。享年二九）
山口辰之介正《やまぐちたつのすけ》（大番組。重傷負い自刃。享年二九）

黒澤《くろさわ》忠三郎《ちゅうざぶろう》勝算（馬廻組。自首後、病死。享年二二）
杉山《すぎやま》弥一郎《やいちろう》当人（留付列。自首後、翌年斬罪。享年三八）
斎藤監物《さいとうけんもつ》一徳（神官。自首後、傷により死亡。享年三九）

余談ですが、この桜田門外の変は、幕府の権威をおおいに失墜させることになりました。そして、この事件をきっかけに、尊王攘夷運動は激しさを増し、血で血を洗う争乱の時代となります。明らかに歴史を大きく転換させた事件だったといっていいでしょう。

では、このような行動に生き甲斐を見出した志士たちは、いったいどんな若者たちだったのでしょうか。

蓮田一五郎正実をとりあげてみます。以降は、但野《ただの》正弘『桜田門外の変と蓮田一五郎』を参照させていただきました。

町方役人＊という下級武士の家に生まれた一五郎の、一一～二歳の少年のころのエピソードです。貧しくて、学問に没頭できるような暮らしぶりで

町方役人　町人の取締りを役目とする町奉行所の与力や同心のこと。町人がつとめた「町（ちょう）役人」とは別。町役人は、今でいう区長や町長、村長にあたる。

はありません。父は一五郎が一一歳のときに他界しました。まだ、遊びたい盛りの年齢でしたが、それもかないません。母や姉の内職の手伝いをしなければなりませんでした。

朝は四時ごろから起きて袋張りの内職をはじめ、夜は一〇時ころまで続けることがあったといいます。内職が早めに終わったときには、読書に励んだそうですが、灯りは行燈が一台だけでしたので、母や姉が内職の裁縫をしている近くに行って、漏れてくる明りで本を読んだのでした。

もちろん、本を買う余裕などありません。本は、水戸藩を代表する学者、会沢正志斎《あいざわせいしさい》や茅根寒緑《ちのねかんろく》らの家に出入りして、借りたり、筆写したりして、読書にはげみました。少青年期に筆写した本の数は、数百巻にもなったといいますから、並みではありません。

母や姉たちの内職が終わった後も、本を読みたかったのですが、「行燈の油がもったいない」と母親に禁じられて、布団に横になって寝たふりをして、みなが寝静まったころに起きて、明りが漏れないように行燈に衣服をかけて、読書に励み、徹夜することもしばしばだったといいます。

油の減りが早いために、やがて、このことが見つかり、怒った母親に火吹き竹*で激しく殴られてしまいます。

一五郎は「私が悪うございました」とあやまり、「明日から、私の食事を減らして、その分の費用を油の代金にあててください」といって、その後も読書を続けました。

母は、それ以上は叱らず、のちに夜の読書も許したそうです。

こうした一五郎の苦学ぶりは、近所でも評判となり、援助を申し出る人たちが現れました。近所のある人は、行燈用の油を一升*買って届けてくれ、雑貨商を営む辰巳屋の主人は、

「夜、書物を読む明りに困るのなら、うちの店の明りを使いなさい」といってくれました。一五郎は、しばしばその店に行って本を読ませてもらったといいます。

一五郎は、また、行燈用の油だけではなく、手習い*用の紙や筆や墨にも

火吹き竹　火を吹きおこすのに用いる竹筒。一端に節を残し、その節に小さな穴をあけ、そこから息を吹き入れる。

一升　升を単位とした一単位の量。日本では一升を約一・八リットルと定めた。一〇合が一升、一〇升が一斗となる。

手習い　江戸時代、手習い所や寺子屋で文字の読み書きを習うこと。

事欠くありさまでした。同じ町内に住む油紙問屋の小泉屋の主人は、商品の包装紙をためておいて、何回となく届けてくれました。さらに、下町の母の実家・沼田屋の伯母（母の姉）は、とても情け深い人で、一五郎の学費として毎月二朱*ずつ、約二年の間、送ってくれましたし、親戚の塙《はなわ》左五郎（重任）も、一五郎の面倒をよく見てくれました。

剣術の稽古をしに道場に通いたくても、親にいえませんでしたが、そのことを知った向かいの家の麹商・福島屋の息子が、「それならば、僕が先生に頼んでみよう」といって、彼の通う剣術道場の先生で水戸藩の剣術師範で無念流の達人の金子健四郎に話をしてくれました。

金子は「天下の剣術である。銭はいらぬ。そんな熱心な者があれば、連れてこい」といってくれたおかげで、一五郎はそれから約半年ほど熱心に通い、無念流の印可（免許）を受けたといいます。

一五郎は、ひと一倍の苦学をしたのですが、それだけではありません。自分が着る衣服は、母や姉の手を借りないで、できる限り自分で始末しま

二朱　江戸時代の貨幣の「二朱金（一両の八分の一）」「二朱銀（一両の八分の一）」の略。江戸期、わが国では金も銀も同じ価値。一両を一五～二〇万円とすると、二朱は約二万～二万五〇〇〇円となる。

した。また、夜おそく内職が終わると、祖父や母の足腰をもみ、その後で自分の勉強をすることが多かったそうです。

苦学の成果があって、一八～九歳のころには、漢詩、和歌、書道、算術にすぐれ、絵も上手だったといいます。

幕末の志士といえば、暗殺や襲撃といった血なまぐさいイメージがありますが、決してそうではありません。蓮田一五郎のこうした人柄を知ると、学問や理屈で凝り固まった人物などではなく、親孝行で大変心やさしい人物であったことに、改めて、驚かされるのではないでしょうか。

幕末の志士たちは、たとえば後述する吉田松陰や大塩平八郎や中岡慎太郎などがその典型ですが、やはり、この一五郎と同じように、とても真摯に生きた人たちだったのです。

ぶれない生き方を貫いた吉田松陰

吉田松陰は、亡くなる年の安政六年、陽明学について次のように語っています。以下、意訳です。〔　〕内は筆者注。

「私は、かつて王陽明の『伝習録』*を読み、とても興味深いと思ったものだ。最近になって、明末の李卓吾の『焚書』を手に入れたのだが、これまた陽明学派で、そのひとことひとことが心に納得できるのである。以前、〔門人の〕品川弥二郎に大塩平八郎の『洗心洞箚記《せんしんどうさっき》』を借りたことがあったが、大塩もまた陽明学派であった。読んでよかったと思う。ではあるけれども、私は、ひたすら陽明学だけを学んでいるわけではない。ただ、この学が、たびたびあるのだが、私が真理とするところのものと一致するにすぎないのだ」（玖村敏雄『吉田松陰の思想と教育』）

伝習録　中国古典のひとつ。明代の思想家・王陽明の講義記録や手紙を集めた言行録。一五五六年に、銭徳洪編集による現在の形の三巻本が完成。陽明学のバイブルと称されている。

吉田松陰は晩年になって陽明学者・李卓吾に傾倒し、その著書を愛読しています。

李卓吾（一五二七～一六〇二）とは、明代末期の思想家であり評論家です。その思想は、儒教、仏教、道教*（老荘思想を含む）は一体であるとする「三教一致」を唱える「陽明学左派」で、求道者ともいえる生き方をした人でした。

私たちは「人間として生まれてきたのだから、ぜひとも自分という人間を究めてみたい」と、仏教でいう「大悟」を、儒教でいう真の「君子」を、言い換えれば「誠」という境地を目指した人でした。これは四〇ページで述べたドラッカーのインテグリティと同じ意味です。

家族のため、と割り切って続けてきた役人生活に五四歳でピリオドを打った李卓吾は、道を求めて著作活動に入り、やがて明末期の知識人の中でもっとも有名なベストセラー作家となりました。

道教　儒教、仏教と共に中国三大宗教のひとつ。古代中国において自然発生した原始宗教に、儒教、仏教、老荘思想を取り入れて形成されたもの。道教の目標は、不老長生によって仙人となり道と合し神に通じ、人々を救うこと。

代表作の『焚書』は、六四歳の時に出版した文集です。その内容は、文学評論を含めた詩文や手紙などですが、その書名からわかるように、嫌われ燃やされることを覚悟して書いた本でした。

内容は、朱子学と朱子学者たちの偽善を痛烈に批判したものでした。

当時、朱子学を学ぶ人といえば、政治家でありエリート官僚たちであり、陽明学や仏教などに比べて、規範や秩序を重視し過ぎる思想の持ち主といえる人たちでした。

卓吾の書は、一般大衆からは拍手喝采を浴びますが、やり玉にあげられた権力者たちは、怒り心頭でした。その『焚書』の中で、李卓吾は次のような「童心説」を唱えています。

「童心は、生まれつきのありのままの心であり、もしこの童心を失えば真心を失うことになり、真心を失えばもはや本当の意味での人間とはいえなくなるのです。

では、その童心は、なぜ失われてしまったのでしょうか。幼いころから見聞きしてきたものが耳や目から入ってきて、いつの間にか心の主人であるはずの童心の座を奪って、そこに居座ってしまうのが、童心を失うはじめでありましょう。

大きくなるにつれて、見聞きすることが日増しに多くなり、知識もますます増えるにしたがって、ついには名誉のありがたみを知り、それを鼻にかけようとして、さらに童心を失ってしまうのです。そして不名誉なことの恥ずかしさを知り、不名誉なことを隠そうとすると、また童心を失うのです」

本のタイトルはもちろん、時の政治権力者たちにしてみれば、挑戦的、反抗的だ、ということになります。李卓吾は権力者たちからにらまれ、弾圧され、逃亡生活を余儀なくされ、やがて逮捕投獄され、獄中で自殺して果てます。享年七六歳。脅されても、逃げない、ぶれないという李卓吾の生き方に、松陰はおおいに共鳴したに違いありません。

志士から志士へと受け継がれた陽明学の「真心」

江戸後期の儒学者・大塩平八郎（一七九三〜一八三七）は、当時、陽明学者として有名でした。大坂町奉行所の与力*でしたが、隠居後、門弟をひきいて、幕府の屋台骨を揺るがす「大塩平八郎の乱」を起こした人です。

『洗心洞箚記』は大塩平八郎の代表作です。「洗心洞」とは大塩の私塾の名前、「箚記《さっき》」とは、今でいうノートを意味しています。つまり読書ノートという形をとって、陽明学の思想を述べたものが『洗心洞箚記』です。

松陰の大先輩に当たる長州藩士に、藩政家の村田清風（一七八三〜一八五五）がいます。「天保の改革」と呼ばれる藩政改革を藩主に命じられ、財政難に陥っていた藩を立ち直らせようと力を尽くした人です。

改革そのものは、商人の反発と幕府による専売制の取り締まりにより頓

与力（よりき）　諸奉行・大番頭・書院番頭などの支配下でこれを補佐する役の人。その配下にそれぞれ数人の同心をもっていた。テレビや映画に登場するのは、町奉行配下の「町方与力」で、町奉行を補佐し、市中の行政・司法・警察の任にあたった。

挫しましたが、たぐいまれな実務処理能力を発揮して藩の財政を好転させました。

たとえば、天保一一年に、撫育局*に属する「馬関越荷方役所*」を設立していますが、長州藩は、この役所に外人応接所を設けて諸外国との密輸入をし、莫大な利益を得ていました。その後の倒幕のための莫大な裏金（軍事費）は、清風のおかげで蓄えることができたといっていいでしょう。

「馬関越荷方役所」の「馬関」とは下関のことです。下関の重要性については、名君で知られた薩摩藩主・島津斉彬が「下関は九州の咽喉《のど》であって、市場を開くのにはいいところである。長崎は不便であるだけではなく、取り締まりにも不都合である。……（中略）……公儀が下関を長州に与えたのは失敗であった」（『島津斉彬言行録』「五之巻」）と語り、非常に残念がっていたほどでした。

ところで、この清風は大塩平八郎の親友でした。漢方と蘭方（オランダ医学）の両方に精通した医師の斎藤方策（当時、長州藩医）から、できあ

撫育局（ぶいくきょく）
長州藩中興の七代藩主・毛利重就（しげたか）が、藩財政立て直しのために設立した特別会計の機関。現在の財団のようなもの。この「撫育局」が生み出す新田開発、塩田開発などの利益が、その後の尊攘倒幕運動の財政的基盤となった。

馬関越荷方役所（ばかんこしにかたやくしょ）
長州藩が、天保一一（一八四〇）年に下関に設置した役所。北陸航路の北前船など諸国の回船を相手に倉庫業、金融業を営んだ。

がったばかりの『洗心洞箚記』を借りて読み、とても感動しています。そして、当時、藩校・明倫館の祭酒《さいしゅ》（学頭。学校長）をつとめていた旧友の山県大華に是非読むようにとすすめ、さらに平八郎を訪問させ、平八郎の勉強の仕方などを聞き出しています。

同じく、清風のすすめで平八郎に会い、おおいに平八郎をほめた長州藩士がいます。その人は西洋陣法師範の飯田猪之助です。松陰は幼いころ、この飯田猪之助に師事して西洋陣法を学んでいました。

西洋陣法とは西洋兵学のことです。具体的には「三兵戦術《さんぺいせんじゅつ》」といって、陸上戦で、歩兵・騎兵・砲兵の三つを運用する作戦術のことです。

さらに松陰は、斎藤方策の友人で、晩年に長州藩の藩医をつとめた蘭方医者の坪井信道からも平八郎の話を聞いています。松陰がまだ幼いころ、すでに陽明学者・大塩平八郎と、その著作『洗心洞箚記』のことは長州藩内でもよく知られていたのです。ちなみに『洗心洞箚記』は、松陰が四歳の年の天保四年に完成し、天保六年に刊行されています。

また松陰は、長州藩で山鹿流兵学教授をつとめていましたが、兵学者としての立場から、国防についての情報収集のために日本各地を旅しています。

嘉永三（一八五〇）年、二一歳のときの九州遊学の旅では、陽明学者・佐藤一斎の門人で、平戸藩（長崎県平戸市）の葉山佐内（通称・高行）を何度も訪ねて教えを受け、王陽明の言行録の『伝習録』や葉山佐内の著書『辺備摘案』*などを借りて書き写しています。

平戸を後にした松陰は長崎に立ち寄り、葉山佐内に教えられた大塩平八郎の著作『洗心洞箚記』を買い求めてこれを読破、佐内に読書感想文を書き送っています。

大塩平八郎が大坂で起こした江戸幕府に対する反乱は天保八（一八三七）年、松陰三〇歳、大政奉還まであと三〇年というとき、陽明学の真心は間違いなく、平八郎から松陰へ、そして志士たちへと受け継がれていったに違いありません。

辺備摘案（へんびてきあん）　平戸藩家老・葉山佐内の著書。辺備摘案とは「辺境の守りに関する提案」という意味。

使命感に殉じた久坂玄瑞と入江杉蔵

そんな吉田松陰の影響を受けたのが久坂玄瑞たちです。松陰門下で「松門の龍虎」「松門の双璧」といえば、高杉晋作と久坂玄瑞。「松門四天王」という場合には、この二人のほか、吉田稔麿と入江杉蔵が加わります。

残念なことに、この四人とも明治維新を見ることなく亡くなっていますが、まず、久坂玄瑞と陽明学、それに入江杉蔵について述べておきましょう。

松陰は、萩の野山の嶽という牢獄から江戸に向かうとき、玄瑞にあとのことを頼んでいきました。玄瑞は、師のいいつけにしたがって、入江杉蔵たち塾生を積極的に指導しはじめます。

入江杉蔵は、松陰のかわりに自分より三歳年下の玄瑞を師とし、学んでゆきました。玄瑞から杉蔵にあてたこんな手紙があります。

以降、手紙の多くは抜粋。このころ杉蔵は二三～二四歳、玄瑞は二〇～二一歳でした。

「『洗心洞箚記』は、読了しましたか。

読み終ったら、王陽明の『伝習録』を読みたまえ。

黙霖《もくりん》と松陰先生の往復書簡をくりかえして熟読すると意気軒昂《けんこう》になります。心をふるいおこして、気力を養ううえになかなかいい。お読みになるなら送ります」（池田諭『松下村塾』）

黙霖という人は、安芸《あき》国加茂郡広村、現在の広島県呉市の人で、幕末期の、それも嘉永三（一八五〇）年というかなり早い時期から倒幕を主張した浄土真宗の勤皇僧の「宇都宮黙霖」のことです。

この黙霖の倒幕思想は、松陰に大きな影響を与えました。というのも、松陰には、幕府政治や日本国を内部改革しようという思いはあっても、倒幕などという考えはまるでなかったからです。ですから、尊王倒幕思想の持ち主の黙霖との出会いは、松陰にとっては衝撃的であり、大きな影響を受けたのでした。

松陰は、晩年の安政五年に、大老・井伊直弼が日米通商条約に天皇の勅許を得ることなく調印したことに激怒し、尊王倒幕に変わります。幕府が天皇の判断を無視したことに怒ったのです。そして、松陰の門人たちは、松陰亡きあと、松陰を殺した幕府を心底憎むようになり、倒幕へとひた走るのです。

以降は、玄瑞へあてた杉蔵からの返信です。

「黙霖と松陰先生の往復書簡、本当にありがとう。一枚の紙片が人をこんなに奮い立たせるものを持っているというのは驚きです。

実にひとすじに生きる心の持主です。

あなたからの手紙に、

〈中江藤樹、熊沢蕃山の学は、姚江《ようこう》より出る〉
とありましたが、姚江とは何者ですか？
*石川丈山とはどういう人物ですか？
*三宅尚斎はいつの人ですか？」（前掲）

とても熱心な勉強ぶりが伝わってきます。手紙を通じての通信教育といっていいでしょう。杉蔵の質問にある「姚江」とは「陽明学」のことです。江戸時代は、陽明学、つまり王陽明の思想のことを「姚江の学」「余姚の学」「王学」「王子《おうし》の学」などといっていました。

姚江というのは、王陽明の生まれ故郷の余姚という町に流れていた川の名です。王陽明の思想を「陽明学」というようになったのは、明治以後のことです。

次は玄瑞から杉蔵へあてた手紙です。〔　〕内は筆者注。

石川丈山（いしかわ・じょうざん）　江戸初期の文人。儒者、漢詩人、書家、茶人、造園家。すべて一流でないものはなかった。惜しげもなく、三河武士の身分を捨て、漢詩人として、その一生を終えた。

三宅尚斎（みやけ・しょうさい）　江戸時代前期の儒学者。朱子学を武家社会に広布した山崎闇斎門の三傑の一人と称せられる。

「今年は、中国の沿革、各国の事勢に目をそそぎ、来年からは陽明学を学ぶといい。*『坤輿図識』*『蕃史』などを送るから、大体のことをつかんでほしい。魏源《ぎげん》の『海国図志』〔世界各国の事情を明らかにしたもの〕、『聖武記《せいぶき》』〔清朝の外征と政治の沿革をのべたもの〕も送ります。

あなたが来年から、『二十一史』〔中国の古代から元にいたる正史。『史記』『漢書』にはじまり『元史』までの二十一書〕を読むという意見には、ぼくは反対です。

明・清の大略を知ったら*『温公通鑑』を読むべきです。それから、*『通鑑記事本末』を読むとよい。これで、中国の大勢を掴めぬくらいなら、読書は無益です。

歴史学は、己の識見を長ずるけれども、どんなことがあっても驚かぬようになるために、経学《けいがく》〔国家、個人の理想や目的を追求する学問〕を学ぶ必要があります。

『二十一史』を読むには、普通でも三、四年かかる。暇人の勉強ならい

坤輿図識（こんよずしき）　蘭学者・箕作阮甫（みつくり・げんぽ）の三女の婿養子・箕作省吾（しょうご）の編纂になる五巻三冊からなる世界地理書。同じく省吾の手になる日本初の世界地図「新製輿地全図（しんせいよちぜんず）」の解説書としてつくられた。

蕃史（ばんし）　江戸時代後期の儒者・斎藤竹堂（さいとう・ちくどう）の著書で、西洋諸国の歴史を論じたもの。

いが、あなたのような人は、そんなことをすべきではない。今日、役にたたない学者のように、いかにたくさんの書物をよんでも駄目です。

ぼくはかつて、晋作に〈経済の勉強をして、国政を変革すべし〉と言いましたが、これからも大いにやるつもりです。」（前掲）

入江杉蔵（入江九一）の身分は「足軽」でした。足軽というのは、武士に仕える歩兵兼雑用係です。名字帯刀を許されていましたので武士階級の最下層などといわれていますが、武士とは明らかに区別されていました。でありながらも、松陰や玄瑞について学問につとめていたのです。

杉蔵は、よほど久坂玄瑞に心酔していたのでしょう、玄瑞に従って「禁門の変」に従軍し、負け戦となり、玄瑞同様、自刃して果てます。二八歳の若さでした。

入江杉蔵は、向学心に燃えて、中国の歴史を網羅した本『二十一史』

温公通鑑（おんこうつがん）『資治通鑑』などともいう。治平二（一〇六五）年の英宗の詔により編纂した編年体（起こったできごとを年代順に記していく方法）の歴史書。

通鑑記事本末　中国の歴史書。四二巻。南宋の歴史家・袁枢（えんすう）が、編年体で書かれた『資治通鑑』は読みにくいと、記事を並べ直して、事件ごとに項目を立て、紀事本末体に編纂（へんさん）しなおしたもの。一一七四年に完成させ、翌年刊行。

を読破しようと意気込んでいたようですが、久坂玄瑞は「『二十一史』は、普通に読んでも三～四年かかってしまうことだし、本をたくさん読めばいいというものではない。中国の歴史書を読みたいのなら、明・清のおおよそのことを知るだけで十分だし、むしろいまは、日本が危急存亡の時期にあるのだし、世界各国の情勢に目を向けるべきだ。

また、人はこうあるべきであるという道を明らかにするためにも、ちょっとやそっとのことでは物事に動じないというそんな人間になるためにも、〈経学〉つまり儒学を学ぶべきだ」とアドバイスしたのです。

久坂玄瑞は、かつて晋作に「経済の勉強をして、国体を変革すべし」といったとありますが、ここでいう「経済」とは、こんにち私たちが「経済力」などといったりする場合の狭い意味での「経済」のことではありません。英語の「エコノミー」、つまり「財貨を有効に運用すること」ではないのです。

もともと経済という言葉は、「経世済民」*の略語で、「世を経《おさ》め、民を済《すく》

経世済民（けいせいさいみん）中国の古典に登場する語で「世を經（おさ）め、民を済（すく）う」の意。略して「經濟」（経済）ともいう。英語の「エコノミー」の訳語として使われている今日の用法とは違って、本来は、より広い意味があった。

う」を意味しているのですが、久坂玄瑞も、ここではそういう本来の意味で経済という言葉を使っています。

余談ですが、英語の「エコノミー」の訳語として「経世済民」から「経済」という言葉をつくったのは、その肖像が一万円札に描かれている福沢諭吉その人でした。

生にも死にもこだわらない心

松陰が死んだあとの弟子たちの行動について、玖村《くむら》敏雄氏は次のように語っています。〔　〕内は筆者注。

「松陰の没後、久坂玄瑞や高杉晋作が中心となって、門人らが思い出の松下村塾に集まり、松陰の遺文を会読することとしたのであるが、別にまた会講日を定めて『孟子』と『伝習録』とを研究している。

これは決して偶然であると思うべきではなく、松陰の学風を継承して今後勤皇運動に挺身する心胆〔心〕を練るためにこの二書が選ばれたのであって、それを選ぶに至らしめたものは松陰在世中の教育の結果であると見なくてはならない。

そこに陽明学と松陰との間に存在した学派以上の関係をうかがってもよいであろうと思う」（『吉田松陰の思想と教育』「二、学問の態度」）

松陰亡きあとも、松下村塾は弟子たちによって運営されていて『孟子』と『伝習録』を研究していたのです。

元治元（一八六四）年一〇月二三日。長州藩は、幕府支持の佐幕派と、天皇を盟主とあおぐ尊王（勤王）派の二大勢力に分かれて、互いに殺しあいました。この凄惨な内乱を経たうえで尊王倒幕の雄といわれるようになったのでした。

藩内の幕府支持の保守派を「俗論派」、対する改革派（勤王派、急進派）を「正義派」と命名したのは晋作でした。

幕府による「第一次長州征伐*」が迫る中、長州藩では幕府支持の俗論派が台頭し、松陰の門下生たち「正義派」を弾圧していました。

身の危険を感じ取った晋作（二六歳）は、ともに松陰に学んだ同志・楢崎弥八郎*（二八歳）を訪ね、萩城下を脱出しようと説得につとめました。

しかし、楢崎弥八郎は「敵に後ろを見せるわけにはいかない」といって、晋作の誘いを断わりました。晋作は、決して死を恐れて逃げるわけではなく、「ここで死んだら無駄死にだ」、そう考えて萩を脱出します。

楢崎は、その後捕縛され、野山の獄に入れられ、処刑されてしまいます。

晋作は、生き死にに執着することをやめて、恥を忍んででも志を遂げる、言い換えれば正義を貫くことを最優先としたのでした。

そういう意味でいえば、楢崎は、潔く死ぬことに執着したといえます。

陽明学では、「生と死はもともとひとつである」と教えています。ですから、生か死かにこだわって悩む、ということは、損得や勝ち負けにこだ

第一次長州征伐　元治元（一八六四）年の「禁門の変」で、天皇の住まいである御所に銃を向けたことで朝廷の敵とされた長州藩を撃退した幕府は、これを機に、長州藩を潰そうと考え、在京の二一藩に対して出兵命令を下した。

楢崎弥八郎（ならざき・やはちろう）　久坂玄瑞らと尊攘活動に身を投じた。禁門の変に参軍し、そのため俗論派によって野山獄に投ぜられ刑死した。享年二八歳。

わっていることと同じなのです。

晋作が、生死や損得へのこだわりから抜け出ているということを思い知らされるできごとがあります。

それは、元治元（一八六四）年一二月一五日の「馬関の義挙（下関挙兵）」です。

このとき、晋作は、捨て身の行動でみごとに藩内改革を成功させました。

挙兵の一年前の文久三（一八六三）年、のちに「七卿落ち」と呼ばれることになる事件がありました。同年八月一八日の政変で、尊王攘夷派の七人の上級公家たちが官位を剥奪されて京都から追放され、長州へと落ち延びたのです。その後、この七人の公家たちのうち、一人は病死、一人は脱走し、三条実美《さんじょうさねとみ》ら五人の公家、つまり五卿がこの功山寺を宿館としており、五卿警護のためと称して奇兵隊をはじめとする諸隊が駐屯していました。

萩を脱出した高杉晋作は、俗論派に襲われて、重傷を負った井上聞多を見舞ったのち、一〇月二七日、まず佐波郡徳治《さばぐんとくじ》（現、山口市）にある奇兵隊の屯所に向かいました。当時、長州藩は、長州征伐の総兵力一五万といわれる幕府軍を後ろ盾とした俗論派が牛耳っており、俗論派政府から、奇兵隊解散命令が出ていたのです。

そこで、松下村塾以来の同志で軍監の山縣有朋《やまがたありとも》（当時、山縣狂介）を相手に、

「幕府は、一一月一八日を総攻撃開始の日と決めている。その日まで、あと二〇日ある。長州征伐軍が攻め込んでくる前に、挙兵して俗論派をたたきつぶそう」

と、説得しました。しかし、山縣は首を縦に振りませんでした。

晋作は仕方なく、下関の豪商・白石正一郎のもとに一時身を寄せ、九州の筑前藩（福岡藩）に脱出、約二〇日間、潜伏しました。

その間に、晋作は、俗論派の「謝罪恭順」を受け入れた幕府が第一次長州征伐を中止したこと、長州藩の正義派の家老三人と参謀四人が処刑され

たことを耳にします。

これを知った晋作は、「もう逃げ回っている場合ではない。幕府のいいなりになっている俗論派を倒さなければ」と、決死の覚悟で長州にもどるのです。

一一月下旬、下関にもどった晋作は、奇兵隊総督・赤根武人*に向かって、

「俗論派は我々を徹底的に粛清しようとたくらんでいる。兵をあげるなら今しかない」

といって、武力決起をうながします。ですが、赤根武人は、

「内戦は避けるべきですし、今は、勝てる見込みのない戦いを挑んで壊滅するより、俗論派と妥協してでも奇兵隊や諸隊の生き残りを選ぶべきです」

と反論、話し合いは激論となり、結果、決裂しました。

落胆と怒りから、晋作は、こういい放ったといいます。

「僕に一匹の馬を貸してくれ。僕はこれに乗って君公（藩主）のもとへ

赤根武人（あかね・たけと）　幕末の志士。高杉晋作の下関挙兵に反対して藩庁政府との和平論を唱えたが容れられず長州藩を脱した。その後、幕吏に捕らえられ討幕派を説得するべく釈放され帰郷したが、藩からは幕府内のスパイの嫌疑を受け逮捕、斬首された。

走る。一里行って倒れても国家のために殉じたことになる。十里行って死んでも毛利家に尽くしたことになる。願わくば、僕に馬を一匹貸してくれ」

その後、三歳年上の晋作を心から尊敬してやまない伊藤博文*（当時は、伊藤俊輔）がただ一人、三〇名の「力士隊」を率いて決起したのです。力士隊は、角力隊と呼ばれる相撲取りたちの部隊です。のちに、伊藤博文はこのときのことを思い出してこう語っています。

「私の人生において、唯一誇れることがあるとすれば、このとき、一番に高杉さんのもとに駆けつけたことだろう」

力士隊に続いて、「遊撃隊」五〇名がこれに参加しました。「遊撃隊」は、石川小五郎、のちの侍従長・河瀬真孝《まさたか》を総督とする、鉄砲を得意とする猟師たちと他藩からの脱藩浪士の集まりです。

伊藤博文（いとう・ひろぶみ）　明治期の政治家。吉田松陰の門人。木戸孝允、高杉晋作、山縣有朋らと倒幕運動に奔走。維新後は新政府の要職を歴任。明治一八（一八八五）年に初代内閣総理大臣となる。明治四二（一九〇九）年、中国東北部ハルビン駅で暗殺される。安重根単独説が一般的だが、複数犯説もあり、実際のところは不明。

元治元年一二月一五日の深夜、雪が降っていました。約八〇名の兵を率いた高杉晋作は、小具足*に陣羽織をまとい「俗論派」政府打倒を目指して「功山寺《こうざんじ》」にやってきました。功山寺は下関長府にある曹洞宗のお寺で長府毛利家の菩提寺です。

萩に陣取る「俗論派」政府軍は二〇〇〇人です。まともに戦って勝てる相手ではありません。ですから、このとき、晋作と約八〇名の兵たちは、まさしく「死を覚悟し、死を目的とした兵士」、つまり「死兵」と化していたのです。

晋作は、このとき、功山寺に潜んでいた三条実美ら五卿に出陣の挨拶にやってきたのでした。

出された酒を飲み干した晋作は「これより長州男児の腕前お目にかけ申すべし」というと、馬上の人となって、雪景色の中へと駆け出したのです。

晋作たちは、夜明けとともに、西日本の経済の中心地・下関の長州藩の新地会所を襲い、占領します。「馬関の義挙」と呼ばれるクーデターのは

小具足（こぐそく）　鎧（よろい）の付属具で、籠手（こて）・臑当（すねあて）・脇楯（わいだて）などをいう。

じまりでした。

その後、決死隊二〇人（一説には一八人）をひきいて、三田尻（防府市）の海軍局を襲って、軍艦三隻を奪うことに成功しました。

下関を任されていた伊藤博文は、晋作たちが艦隊を率いてもどってくるのを見て「奇跡を見るような思いだった」とのちに語っています。

山縣有朋の奇兵隊や諸隊らも加わったのは、それから間もなくのことです。内戦前に姿をくらました赤根武人はのちに処刑されています。

慶応元（一八六五）年三月、晋作らは、俗論派の首領・椋梨《むくなし》藤太らを排除し、藩の実権をにぎりました。椋梨藤太（六一歳）は、その後、萩の野山の獄で斬首されています。

晋作は、この後も、直接イギリスから武器を手に入れようと下関開港を画策し、長府藩の攘夷派から命を狙われ、一時、讃岐（現・香川県）に身を隠しました。また、幕府軍との戦いでは小倉口の総指揮官として激戦の末に勝利するなど、一難去ってまた一難という苦労を重ねますが、慶応三年四月一四日、病死。享年二九歳。満年齢では、二七歳と八カ月でした。晋作は、病床にあって、「余り病の烈《はげ》しければ」と但し書きをつけて、次のような歌をつくっています。

死んだなら　釈迦と孔子に追ひついて
道の奥義を　尋ねんとこそ思へ

今を必死で楽しんだ高杉晋作

高杉晋作、木戸孝允*（桂小五郎）、中岡慎太郎らと行動をともにした土佐藩士で、のちに陸軍少将、警視総監、学習院院長、内宮大臣などを歴任した田中光顕が、こんなことを語っています。晋作が二五〜二七歳ころのことです。

木戸孝允（きど・たかよし）幕末・維新期の政治家。幕末期には桂小五郎（かつら・こごろう）として知られていた。吉田松陰の弟子。薩摩藩の西郷隆盛・大久保利通とともに「維新の三傑」として並び称せられる。

「私が高杉を訪ねた時に高杉は王陽明全集を読んでいる際であった。高杉がいうには、陽明の詩の中に面白いのがあるといって書いてくれた。

四十余年、睡夢の中
而今《じこん》、醒眼《せいがん》、始めて朦朧《もうろう》
知らず、日すでに亭午《ていご》を過ぎしを
起《た》ちて高楼に向かって、暁鐘《ぎょうしょう》を撞《つ》く

〈王陽明は、亭午《ひる》に至って、暁鐘をついたが、自分は、夕陽に及んで、まだ晩鐘がつけない始末だから情けない〉彼は、こういっていた。

私は、もとより書生の分際で、立派な表装もできずに、紙の軸に仕立てて、秘蔵した」（『維新風雲回顧録』「坂本龍馬と高杉晋作」）

「睡起偶成《すいきぐうせい》」と題されたこの詩は、王陽明の数ある漢詩の中でも、もっとも有名な詩といっていいものです。参考までに次に掲げます。『王陽明全集第六巻・詩』「江西詩」におさめられており、王陽明四八歳ころの作といわれています。

四八歳の年といえば、正徳一四（一五一九）年ということで、王陽明にとって生涯の大事件といっても過言ではない皇族の「寧王宸濠の乱*」を平定した年です。

睡起偶成　二首

一

四十餘年睡夢中　四十余年　睡夢《すいむ》の中
而今醒眼始朦朧　而今《じこん》　醒眼《せいがん》　始めて朦朧《もうろう》たり
不知日已過停午　知らず　日已《すで》に亭午《ていご》を過ぐるを
起向高樓撞曉鐘　起《た》ちて高楼《こうろう》に向かい　暁鐘《ぎょうしょう》を撞《つ》く

寧王宸濠（ねいおうしんごう）の乱　「寧王の乱」ともいう。明の正徳一四（一五一九）年に皇族の寧王・朱宸濠が帝位を狙い挙兵した事件。王陽明は、義兵をひきいてわずか一四日で平定、宸濠を生け捕りにした。

二

起向高楼撞暁鐘
尚多昏睡正懜懜
縦令日暮醒猶得
不信人間耳盡聾

起ちて高楼に向かい　暁鐘を撞く
尚《な》お多く昏睡《こんすい》して正《まさ》に懜懜たり
縦《たと》い日暮るるも　醒　猶《な》お得ん
信ぜず　人間《じんかん》　耳尽《ことごと》く聾《ろう》なるを

以下、意訳。

「過去四〇余年、道理に目覚めなかった。今やっと目が醒めたが、まだぼんやりしている。昼を過ぎたのも知らず、暁の鐘を撞きに行く。鐘を鳴らすのが遅かったかもしれない。それも耳に入らず眠りこけている者が多いだろうが、まさか人々皆が聾者（耳が聞こえない人）でもあるまい」

王陽明は、この翌年には「致知（知を致す）」を、さらに正徳一六（一五二一）年には「致良知（良知を致す）」を説きます。

つまり、正徳一四年ころには、数年後に口にすることになる「致良知（良知を致す）」説の確信が生まれていたのです。

晋作は、生きるか死ぬかの激しい動乱の中、この王陽明の教えを身を以って実感し、漢詩を味わっていたのでしょう。

陽明学というと、すぐに「行動哲学だ」などと思って、行動を重視して、学問（読書）をおろそかにする人がいます。

長州滞在中に、晋作からいろいろと教えを受けていたという田中光顕は、あるとき、「死すべき時に死し、生くべき時に生くるは、英雄豪傑のなすところである。両三年は、軽挙妄動せずして、もっぱら学問をするがよい。そのうちには、英雄の死期がくるであろうから……」（前掲）と教えられたそうですが、晋作は、王陽明や師の松陰同様、決して学問（読書）をおろそかにしていたわけではありませんでした。

晋作は、中江藤樹の高弟で陽明学者として知られる熊澤蕃山の『集義和書』*を読んでいることが『㪍御《せつぎょ》日誌』に書かれています。

集義和書（しゅうぎわしょ）江戸前期の陽明学者・熊沢蕃山の著書。門人・岡嶋可祐の編集になる随想録。寛文一二（一六七二）年刊行。蕃山の思想・学問を問答形式によって述べたもの。『集義外書』とともに蕃山の代表作。

『暬御日誌』は、晋作の日記のひとつで、晋作二三歳の年の文久元（一八六一）年三月一三日に小姓役として出仕してから七月一〇日に江戸に発つまでの勤務ぶりをつづったものです。

晋作が松陰の松下村塾に入ったのは、安政四（一八五七）年の一九歳のとき。しかし、松陰は、安政六（一八五九）年に江戸で刑死してしまいます。その翌年の万延元（一八六〇）年、二二歳の晋作は結婚し、松陰の後継者として、久坂玄瑞とふたりで輪読会を開いています。

以下、『暬御日誌』については、一坂太郎『高杉晋作の革命日記』を参照しました。

『暬御日誌』の四月一八日のところの冒頭に「『集義和書』を読む」とあり、翌一九日にも、「明倫館で撃剣六、七本。編輯局で草刈と議論。帰宅して習字を十数葉。また『集義和書』数十枚を読む。夜になり、また『集義和書』を読む。今晩、従僕の源蔵が山口より帰り、父上の書状が届く」とあります。

当時の若い武士がどんな生活ぶりだったのかを知る意味でも興味深いので、翌二〇日のところも見てみましょう。

「四月二〇日　早朝、『論語集註』*および欄外書を読む。昼になって和作が来て、『伝習録』を八枚読む。

岡部富太郎が来て『楊椒山集』*『縛吾集』*を借りて帰る。長井雅楽が江戸行きの暇乞《いとまご》いに来る。夜、『集義和書』を読む。拝神例の如し」

以下、『暬御日誌』から、これはと思える箇所だけを抜粋しながら話を進めます。

四月二三日、二六日にも「『集義和書』を読む」とあります。二七日には「本屋で『星巌《せいがん》詩集』を求め、この日少し読む」とありますが、星巌とは梁川星巌のことです。

星巌は吉田松陰とも交流があり、幕末期を代表する有名な漢詩人でしたが、その晩年の五〇代後半ころに、自分より二二歳も若い陽明学者・春日潜庵に心酔し、陽明学へと傾倒していった人です。

論語集註（ろんごしっちゅう）　宋代の大儒・朱子による注釈本（わかりやすく解説した本）。

楊椒山集（ようしょうざんしゅう）　中国・明代後期の官僚・楊淑山の文集。外交政策で主君への諫言をやめず、ついに死刑となる。『楊椒山集』は、僧・月性からプレゼントされたもので、松陰の愛読書となった。

六月三日には「尾寺に『陽明文禄*』を借りて帰る」とあり、六月二七日には「夜、『方正学文粋*』と『王陽明文粋*』を借りるため、源蔵を杉へ遣わす」とあります。

源蔵は、晋作の家にいる中間《ちゅうげん》（武士に仕えて雑務に従った者）です。杉とあるのは、松陰の実兄の杉梅太郎（後、民治）のこと。晋作の鬼気迫るような勉強ぶりが手にとるようにわかります。

幕末維新のプランナー横井小楠と坂本龍馬

『その時歴史は動いた』のアンケートでは四位に甘んじた坂本龍馬ですが、数々のドラマなどでは、やっぱり人気があります。

長州藩の桂小五郎こと木戸孝允や高杉晋作とはとても仲がよかったようですが、桂小五郎や高杉晋作は松陰の弟子でしたから、当然、龍馬は彼らから恩師・吉田松陰のことを耳にしていたことでしょう。

縛吾集（ばくごしゅう）　安政六（一八五九）年、三〇歳の吉田松陰が、野山の獄から江戸へ護送される途中でつくった詩歌がおさめられている。

陽明文禄　『陽明先生文禄』のことと思われる。王陽明の詩文集。

方正学文粋（ほうせいがくもんずい）　明代初期の儒学者・方孝孺の詩文集。王道政治を説いた。永楽帝の挙兵に抵抗して敗れ、皇帝となった永楽帝に仕えることを拒み、一族・弟子とともに死刑に処せられた。

ところで、坂本龍馬を語るときに、もう一人、どうしても忘れてはならない人物がいます。その人物とは熊本藩士の横井小楠です。

坂本龍馬、吉田松陰、高杉晋作の三人は、この横井小楠を師と仰いでいました。たとえば、吉田松陰（二四歳）は、嘉永六（一八五三）年一〇月、熊本に立ち寄り、小楠（四五歳）と三日間、親しく語り合っています。そのうちの一日は、まさに朝から晩まで語り合ったといいます。

帰国後、小楠にあて手紙を出していますが、その中に、

「小楠先生に萩に来ていただいて、藩士たちに天下の情勢とその対処について是非ご指導願います」と述べています。実現はしませんでしたが、松陰は小楠の思想におおいに共感していたことがよくわかります。

また、東北遊歴の旅に出た高杉晋作（二二歳）は、万延元（一八六〇）年一〇月一日、松陰のすすめで、福井の小楠を訪ねて話を交わしています。

晋作はそのときの印象を、次のように語っています。

王陽明文粋　江戸期に刊行された王陽明の詩文集。たとえば、文政一一（一八二八）年、村瀬海輔編『王陽明文粋』全四冊などがある。

「横井先生は、世の中にふたりとない才能人格ともに優《すぐ》れた人物だ（横井なかなかの英物、一ありて二なしの士と存じ奉り候）」

晋作は翌年、「小楠先生を、長州藩の学頭兼兵制相談役に招きたい」という意見を述べています。

小楠に関しては、こんな評価もあります。

小楠の門人の徳富一敬《とくとみかずたか》の二男として熊本に生まれたジャーナリストで歴史家でもある評論家の徳富蘇峰《そほう》は、ロシアの文豪トルストイに傾倒するあまり、明治二九年、トルストイに会いに行っているのですが、このとき横井小楠の話をします。

すると、トルストイは、小楠の思想に感動し、

「東洋にもそんな偉人がいたのか！　君、小楠の遺稿を編纂しなさい！」と語ったといいます。（前・熊本大学教授・中村青史氏談）

また、徳富蘇峰の弟の蘆花《ろか》は、

「幕末の、あの世の乱れていた時代に、世界の平和を考えていたということは、小楠がどのくらいの人物だったかがわかる」

といって称賛しました。

坂本龍馬は、兄・権平と家族一同にあてた慶応二年一二月四日付の手紙に、

「当時天下の人物と云えば、徳川家に大久保一翁（忠寛）、勝海舟、越前には、由利公正（三岡八郎）、長谷部勘右衛門、肥後に横井小楠、薩摩に小松帯刀《たてわき》、西郷隆盛、長州に木戸孝允（桂小五郎）、高杉晋作」

と書いていています。

さらには、翌慶応三年一〇月一六日に龍馬が尾崎行雄の義父・戸田雅《う》楽《た》（尾崎三良）、長岡謙吉とともに京都近江屋で作成したといわれている「新官制擬定書《しんかんせいぎていしょ》」という新政府の閣僚リストの草案にも、岩倉具視、西郷隆盛、大久保利通らと並ぶ参議の一人として小楠の名をあげています。龍

船中八策　慶応三（一八六七）年六月、坂本龍馬が、長崎から大坂へ向かう船の上で、土佐藩の参政・後藤象二郎に示した八カ条からなる新国家の基本方針。そのうちの大政奉還は、土佐藩を通じて実現。原文書も写本も現存しないため、実在したかどうかが疑問視されている。

五箇条の御誓文　慶応四（一八六八）年、明治天皇が公卿や諸侯などに示した明治政府の基本方針。元・福井藩士の新政府参与・由利公正が起案した。

馬は明治政府の閣僚の一人として小楠の活躍をおおいに期待していたのです。

龍馬が発した言葉の中でも最も有名な言葉、「日本を今一度せんたくいたし申候」についてはすでに触れましたが、この言葉の出どころが、小楠の「天下一統人心洗濯希《ねが》うところなり」という言葉だという説が「横井小楠記念館」から出ています。

また、これは比較的知られた話ですが、坂本龍馬の有名な「船中八策」*や由利公正起草の「五箇条の御誓文」*は、小楠の『国是七条』*と『国是十二条』*を下敷きにしたものであったといわれています。

編集者・著述家・日本文化研究者の松岡正剛氏の、横井小楠に関しての言葉を借りて、その人となりを表現するなら、

「小楠は生涯をつねに〈国家の設計〉に立ち向かった幕末維新の最もラディカルなプランナーでありつづけた」（「松岡正剛の千夜千冊・遊蕩篇」〈『横井小楠』松浦玲〉）人であり、

国是（こくぜ）七条　「将軍は自ら京にいって、天皇へ過去の無礼を謝る」「参勤交代制度の廃止」「大名の妻子を国元に帰す」など、横井小楠が、幕府を立て直すべく、幕府の総裁職・松平春嶽（慶永）のために建議した七項目の施策。

国是十二条　一八六七年、横井小楠が福井藩に提出したもの。坂本龍馬の「船中八策」や、後の「五箇条の御誓文」に影響を与えたとされる。二〇一〇年秋に、東京都内から未確認の書簡二通と共に実物が発見された。

「有徳《ゆうとく》こそが国富の土台になると主張した」（前掲）人でした。

あまり他人をほめることのなかった坂本龍馬の師の勝海舟も、横井小楠を評して次のように語っています。

「おれは、今までに天下で恐ろしいものを二人みた。それは横井小楠と西郷南洲だ。横井は、西洋のことも別にたくさんは知らず、おれが教えてやったくらいだが、その思想の高調子《たかちょうし》なことは、おれなどは、とてもはしごを掛けても、およばぬと思ったことがしばしばあったよ」（『氷川清話』「古今の人物について」）。

勝海舟は思想家としての小楠を大絶賛しています。勝海舟の影響でしょうが、幕府からも小楠をブレーンに欲しいという声が何度かあがりました。

そして、横井小楠の思想「公共の道」説は、その門弟中の門弟で、のちの福岡県・愛知県知事の安場《やすば》保和《やすかず》に、さらには安場の門弟で八八年前の関東大震災で復興計画を立案した後藤新平へと受け継がれていったのでした。

明治政府のバックボーンをつくった横井小楠

　横井小楠（一八〇九～六九）についてさらに調べてみましょう。号は小楠、通称は平四郎、思想家であり政治家として今日に知られています。熊本藩士の次男として生まれました。

　藩校の「時習館」で、水戸藩の会沢正志斎の『新論』を読み、尊王攘夷に目覚め、陽明学者・熊澤蕃山の『集義和書』を愛読、以後蕃山を師として尊敬するようになります。

　学問武芸の上達ぶりを藩主から認められ褒美をもらうほどの優秀さをもちあわせる一方で、大変に酒ぐせが悪く、何度か墓穴を掘るという人間臭さも持っていた人でした。たとえば、こんなことがありました。

天保一〇（一八三九）年、藩命で江戸に遊学に出た小楠（三一歳）は、*昌平黌の林大学頭に師事し、陽明学者の佐藤一斎、水戸藩士で国学者の藤田東湖、陽明学者・渡辺崋山の師の松崎慊堂《こうどう》、幕臣・川路聖謨《としあきら》らと交遊、ケンペルの『鎖国論』を読んで開国の重要性に気づくなどして、大きくその目を見開くことになります。

しかし、藤田東湖の忘年会で酒に酔い、その帰り道で連れの武士と口論となり暴力をふるってしまい、帰国命令を受けて翌年四月に帰国、七〇日間の「逼塞《ひっそく》処分」を受けてしまいます。「逼塞」というのは、門を閉ざして昼間の出入りを許さないもので、「閉門」よりは軽く、自室で謹慎していなければならない「遠慮」よりも重い刑のことです。

天保一四（一八四三）年、三五歳になった小楠は、「時務策」を起草し、熊本藩政を批判する一方で私塾を開きました。門人第一号が徳富一敬でした。塾は、四年後に新築されて「小楠堂」と名づけられます。

昌平黌（しょうへいこう）
寛政二（一七九〇）年、神田湯島に設立された江戸幕府直轄の学校。正式名称は「学問所」で、「昌平坂学問所」「昌平黌」などと称された。

嘉永二（一八四九）年、福井藩士・三寺三作が小楠を訪れています。これを契機に、小楠と福井藩の付き合いがはじまります。

嘉永四（一八五一）年、小楠は、北九州、山陽道、南海道、畿内、東海道、北陸道の二一藩の視察の旅に出ました。

四六歳の年の安政元（一八五四）年、兄の死により家督を相続、翌年ころから開国論を主張しはじめています。

安政五年、小楠五〇歳のとき、越前福井藩主・松平春嶽（慶永）に師として招かれ、以後、福井藩の人材育成と藩政改革に力を尽くし、おおいに成果をあげます。小楠の立場は、今でいうところの「経営コンサルタント」でした。

他藩の小楠が、福井藩で大抜擢されたのには理由があります。向学心旺盛な藩主・松平春嶽の存在もさることながら、もうひとつ、福井藩士で陽明学者の橋本左内がいたればこそでした。

福井藩は、安政期に入って本格的な藩政改革に取り組んでおり、安政三年には、橋本左内（二三歳）が起用され、藩学に加えて洋学振興に力を入れました。

左内は、富国策として、

「諸外国との貿易の振興」

「民を富ませることが国を盛んにすること（民富論）」

「商業をする上での信義と礼律（商業道徳）」

などを説いていたのですが、こうした左内の思想が、小楠の思想と多くの点で一致していたのです。左内も小楠も同じ陽明学に学んでいました。

万延元（一八六〇）年、小楠五二歳のこの年、福井藩のために、富国論、強兵論、士道論の三つの論文からなる『国是三論』を書いていますが、小楠は、その中で、藩や国は、今後どうあるべきかのプランを具体的にわかりやすく説いています。

文久二（一八六二）年、松平春嶽が幕府の政治総裁職に就くと、小楠は政治顧問をつとめ、「富国強兵」と「公武合体」*を説き、幕制改革を推し

公武合体（こうぶがったい）江戸末期、朝廷（公）と幕府（武）とが一致協力して政治を行うことを理想とする思想や政治運動。具体的には、一四代将軍・徳川家茂に孝明天皇の妹・和宮が嫁いだ。

進めました。

龍馬は、この年の秋（一説に七月）、松平春嶽の紹介で、小楠とはじめて会っています。

文久二年といえば、三月に龍馬（二八歳）は脱藩、一〇月に勝海舟に弟子入りをしています。初対面ということも手伝って、その出会いは挨拶程度に終わったのかもしれませんが、このときの龍馬には、小楠の話がまだピンとこなかったのではないでしょうか。

次に、龍馬が小楠と会ったのは、翌文久三年の五月二〇日ころのことです。

このとき、龍馬は、軍艦奉行・勝海舟（四一歳）の側近という立場で、小楠（五五歳）から、その開明的思想を耳にすることになります。

小楠は、「坂本君、藩を、国を、民を富ませるには、攘夷じゃダメなんだ。開国して諸外国と貿易を盛んにすること、これが一番なんだ」と説いたことでしょう。

さらに、小楠は、この文久二年七月ころには『国是七条』を書いており、その内容に関しても、龍馬は耳にしたに違いありません。小楠の『国是七条』『国是十二条』が、龍馬の「船中八策」の下敷きとなったという話はすでに触れましたが、さらに小楠は、若い龍馬に向かって、「東洋の精神文明をもとに西洋の科学文明を取り入れて、富国強兵に努め、さらに民主的、平和的な道義国家となって、これを世界に広めようではないか」などと説いたはずです。

龍馬が、姉の乙女あての手紙に「日本を今一度せんたくいたし申候」と書いたのは、六月二九日のことです。つまり五月二〇日のころの、小楠との対話の中で小楠が口にした言葉、「日本をおおいに洗濯しなければならない（天下一統人心洗濯希うところなり）」を思い出して、洗濯という言葉を使ったのではないか、というのが「横井小楠記念館」*の説ということになります。「国是」とは「国民が認めた一国の基本方針」のことです。

その後、元治元（一八六四）年三月と翌四月に、勝海舟の使者として坂

横井小楠記念館　幕末維新の開明思想家として知られる横井小楠の旧居で、家塾「四時軒」の隣りにある。小楠にあてた吉田松陰や勝海舟直筆の書簡、暗殺時に応戦した短刀などが展示されている。
〒861-2102
熊本市沼山津 1-25-91
☎（096）368-6158

本龍馬は、小楠のもとを訪れています。勝は海軍の創設について小楠に相談を持ちかけたのだといわれています。この三月の龍馬との対話ののち、小楠は海軍力の増強の重要性を説いた『海軍問答書』を執筆しています。そして、翌慶応元（一八六五）年五月、坂本龍馬は小楠に会いに来て、酒を飲みながら時勢を論じあいました。そして、二人が会うのはこれが最後となります。

龍馬（三一歳）は、初老の小楠（五七歳）に向かって、

「先生は、まあ二階にお座りなさって、きれいな女性に酌でもさして、酒をめしあがって、西郷や大久保どもがする芝居を見物なさるがようござる。大久保どもが行きつまったりしますと、そりゃあちょいと指図をしてやってくださるとようございましょう」

というと、小楠は笑ってうなずいたといいます。（徳富蘆花*『青山白雲』）

ところが、そうした話の後のことでしょう、長州藩への不信感をぬぐいきれない小楠と、ひそかに薩長同盟をもくろむ龍馬との間で激論となり、

徳富蘆花（とくとみ・ろか）　明治・大正期の小説家。横井小楠門下生だった父・徳富一敬の次男として熊本県に生まれる。同志社英学校に学びキリスト教の影響を受けトルストイに傾倒。小説『不如帰』はベストセラーに、また、エッセイ『自然と人生』はその文章が賞賛された。

怒った小楠は、

「今後二度と訪ねてくるんじゃない（汝、再び我を訪《おとな》ふこと勿《なか》れ）」

といって、龍馬を出入り禁止にした、というのですが、その後も間接的には交流し、互いに認め合っていました。

それからおおよそ一カ月後の一一月一五日、坂本龍馬は暗殺されてしまいます。

明治元（一八六八）年、六〇歳になった小楠は、新政府の召命をうけ、熊本藩の士席も回復し、四月に上京、「参与」となります。明治政府の最高ブレーンの一人となったのです。

翌明治二（一八六九）年正月、小楠は太政官から駕籠で帰宅途中、攘夷派浪士六名に襲われ、脇差の短刀で応戦、激闘の末、斬首されてしまいます。享年六一歳でした。

主な著書には、『国是三論』『学校問答書』『沼山対話』『沼山閑話』などがあります。

龍馬の経営哲学、政治哲学の源泉は、横井小楠の思想にあったといっていいでしょう。

小楠の思想が伝わって、龍馬の「船中八策」となり、その後福井藩出身の新政府参与・由利公正の起草になる「五箇条の御誓文」という明治政府のバックボーンとなっていったのです。

門弟一〇〇〇人におよんだ土佐陽明学の開祖・岡本寧浦

坂本龍馬は剣術の腕前は達者だったけれど、学問や思想のほうは苦手だった、というイメージが定着しているようで、思想について語られることがほとんどありません。

では、龍馬はいつも思いつきで行動していたのでしょうか。決して、そうではありません。本人が自覚しているいないにかかわらず、人は誰であれ、言動の指針というものを胸の内に秘めているものです。

ルドルフ・シュタイナーが、人間のタイプについて、興味深い話をしています。

世間には、大きく分けて三種類の人間が存在している、ひとつは、これが一番多いようですが、感覚的魂の人。好きか嫌いかを判断基準にして生活しているタイプ、つまり感覚的感情的に生きている人たちのことですが、まるで子どものように、自分の外部世界のできごとに振り回されて生きている人です。当然、こういう人には、社会変革は無理です。

次に多いのが、悟性的魂の人。感覚的魂の人よりレベルが高くて、たとえば、西郷隆盛が大好きで、西郷のような男になりたいと思って、西郷らしく振舞おうとつとめている人が、悟性的魂の持主です。生きていくうえでの具体的なモデルを持っています。

三つ目は意識的魂の人です。この魂の持主は、自分の内部、つまり心に、自分の言動の指針となる哲学や思想を確立しています。ですから、外部世界に振り回されることのない人です。こう見てきますと、坂本龍馬は、まさにこの意識的魂のタイプといっていいでしょう。

ところで、龍馬を語るとき、龍馬が育ったころの、土佐藩の藩学や思想に注目しないわけにはいきません。結論からいいますと、龍馬が生まれるちょっと前から土佐藩では陽明学が盛んになりはじめ、二〇歳になるころには、藩はじまって以来の陽明学全盛時代を迎えていたのです。

龍馬が陽明学を直接学んだという形跡は見つかっていないのですが、龍馬の身近にいる人々は、陽明学を学んでいる人たちばかりといってもいい状況でした。つまり、龍馬は、間接的に陽明学の影響を受けていたと断言できるでしょう。

そこで注目したいのが奥宮慥斎です。「おくのみや・ぞうさい」と読みます。この奥宮慥斎を語らずして、幕末の土佐藩は語れません。でもなぜか、幕末の土佐藩を舞台にした坂本龍馬の小説や映画には登場しませんし話題にも上りません。本書では、奥宮慥斎についてあえて詳しく解説をしておきましょう。

その前に、奥宮慥斎の師で陽明学者の岡本寧浦（一七九四〜一八五三）について触れておきます。こんにちでは「岡本寧浦が土佐勤王党の父ならば、高松小埜《しょうや》（後述）は土佐勤皇党の養父である」と称えられているようです。

岡本寧浦は諱*を維密《これみつ》、通称（名）を退蔵といい、寧浦は号です。寛政六（一七九四）年、安芸郡安田浦にある浄土真宗のお寺・乗光寺の僧・弁翁の子として生まれました。

興味深いことに、岡本寧浦の妻は三菱財閥の創業者・岩崎弥太郎の伯母、つまり弥太郎の母・美和の姉にあたる小野時《とき》という人でした。弥太郎は、その縁で、一四歳のときに岡本寧浦に師事しています。

子どもに恵まれなかった寧浦は、弥太郎を吾が子同様にかわいがり、養子にと希望したほどでしたが、弥太郎が二〇歳のときに、寧浦が六〇歳で亡くなってしまい、話は立ち消えとなりました。その後、弥太郎は奥宮慥斎に師事しています。

諱（いみな）元はその人が生きていたときの実名のこと。生前には口にすることをはばかったため。普段呼ぶときの名前は通称という。

寧浦は、大年と称する僧として京都の本願寺で学び『教行信証』*を講義するなどしていたのですが、寺を兄の子の立然に譲って還俗*し、名を改めて儒者となり、京都や江戸で儒学を学び、大坂に家塾を開き、大坂の篠崎《しのざき》小竹《しょうちく》や大塩平八郎、江戸の佐藤一斎や安積艮斎《あさかごんさい》らと師友の交わりを結びました。

その後、備後《びんご》の福山藩に招かれ、藩の儒者として迎えられることになります。ですが、土佐一二代藩主の山内豊資《やまのうちとよすけ》がこのことを耳にして、「土佐出身の大学者が他藩に採用されるのは土佐の名折れ」と、福山藩主にかけあって、天保九（一八三八）年、藩校・教授館の教官の一人として採用されました。

天保八（一八三七）年には、大坂で「大塩平八郎の乱」、越後柏崎では、大塩の乱に呼応した「生田萬《いくたよろず》の乱」が起きていました。元・上州館林藩の藩士だった生田萬も、陽明学と国学を学んでいました。

その結果、天保九（一八三八）年はそれらの影響で、陽明学は、禁学同

教行信証（きょうぎょうしんしょう）　鎌倉時代初期の日本の僧・親鸞（しんらん）の著作で、全六巻からなる浄土真宗の根本聖典。

還俗（げんぞく）　いったん出家して僧籍に入った人が、再びもとの俗人に戻ること。法師がえりとも。

然の状態でした。

佐久間象山などは「陽明学は国家に害を及ぼす思想だ」といって、師である佐藤一斎の講義を聞くことを拒否したほどでした。そんな情勢にもかかわらず、大塩と交遊のあった岡本寧浦が抜擢されたのです。まさしく、藩主の英断でした。

それにしても、岡本寧浦が登場するまでの土佐藩の藩学は、室町時代以来「土佐南学（海南学派）」と呼ばれる実践的な朱子学でした。藩主・山内豊資に見出されたにせよ、それまで朱子学一色だった土佐藩に、陽明学の新風を吹き込んだ岡本寧浦の功績はとても大きいといわなければなりません。

寧浦は藩校で教えながら、家塾で門弟を指導しました。

それから約一〇年後、五八歳になった岡本寧浦は、弘化三（一八四六）年に職を辞し、その後は、中新町の家塾「紅友社《こうゆうしゃ》」で子弟の育成につとめました。その門人は一〇〇〇人余に達したといわれています。江戸の佐藤一斎の門人でさえ三〇〇〇人といれていますから、地方の私塾で一〇〇〇人というのは、大繁盛といわなければなりません。

土佐勤王党の首領・武市半平太（瑞山）の道場から北へ二〇〇メートルほどのところにある寧浦の塾は「嘉永《かえい》以来、土佐出身の名士にして、その門に出でざる者殆《ほとん》ど稀《まれ》なり」といわれ、幕末・維新期の土佐藩の人材輩出の源流となったのでした。

樋口真吉、鹿持雅澄《かもちまさずみ》、吉田東洋、武市半平太、間崎滄浪らと交友した寧浦は、嘉永元（一八四八）年一〇月四日に、六〇歳で亡くなっています。著書に『処緇流論《しょしりゅうろん》』などがあります。

注目すべきは、龍馬の友人の武市半平太は、寧浦の門人だったということです。

また、龍馬と親しかった間崎滄浪も寧浦の門人でした。間崎滄浪は、武市半平太の土佐勤王党では、半平太とほぼ同格といっていい立場にあった人物です。そして、龍馬の盟友といっても過言ではない「陸援隊」の中岡慎太郎は、この間崎滄浪の門人であり、龍馬の義兄・高松順蔵の門人でもありました。

岩崎弥太郎、武市半平太、間崎滄浪らのほか、寧浦の門人には、いまパッと思い浮かぶだけでも、次の人たちをあげることができます。

・奥宮慥斎にも師事し陽明学を学んだ日本画家・河田小龍
・漢学者・岩崎秋溟《しゅうめい》（馬之助）
・「東洋のルソー*」と称された思想家・文学者・中江兆民
・佐藤一斎にも師事して陽明学を学んだ「野根山二十三士」の首領・清《きよ》岡道《おかみち》之助《のすけ》
・「野根山二十三士」の副首領・清岡治之助《じのすけ》
・武市半平太、島本仲道、大石弥太郎、西山志澄、坂崎紫瀾らの師で国学者の徳永千規《ちのり》
・土佐歴史考古学の道を開いた歴史家・稲毛《いなげ》実《みのる》

ルソー　ジャン＝ジャック・ルソー（一七一二～一七七八）のこと。スイス生まれ。哲学者・政治思想家・教育思想家・作家・作曲家。その思想は、フランス革命や哲学者カント、詩人ヘルダーリン、ロシアの文豪トルストイらに影響を与えた。

・佐久間象山、巻菱湖、梁川星巌に師事した漢詩人・森田梅磵《ばいかん》
・致道館教官、藤並神社の祠官をつとめ、晩年は子弟に陽明学を教授した漢学者・北川愛山《あいざん》
・古勤王党幹部で、中岡慎太郎、板垣退助らと討幕に力を尽くした森新太郎

土佐陽明学の開祖・岡本寧浦の門人たちの中から、以下、坂本龍馬と関係のある河田小龍、清岡道之助、高松順蔵の三人の行動や考え方をピックアップしてみましょう。

人育てに情熱を注いだ陽明学の継承者たち

日本画家・河田小龍（一八二四〜九八）といえば、漂流してアメリカの捕鯨船に助けられ、その後一〇年間アメリカで暮らし、帰国した土佐の漁

師・中浜万次郎（ジョン万次郎）の取り調べを担当し、自宅に寄宿させてアメリカ事情を聞き出して、そのことを『漂巽紀畧《ひょうそんきりゃく》』という本に書いた人物として知られています。漂巽紀畧とは、「南東方角に漂泊した記録のあらまし」といった意味です。

これも有名な話ですが、小龍が「安政の大地震」*で自宅を火事で失ったときに、小龍の仮の宿を訪ねてきたのが坂本龍馬でした。小龍は万次郎から耳にしたアメリカ事情を龍馬に話して聞かせ、開明論や航海通商の必要性を説いたのです。

浦戸町にある小龍の画塾「黒雲洞」からは、奥宮慥斎の門人の長岡謙吉、新宮馬之助、岩崎弥太郎の門人でもあった饅頭屋《まんじゅうや》長次郎こと近藤長次郎らが育ち、小龍は、彼らを龍馬のもとに送り出しています。

もう一人、清岡道之助（一八三三〜六四）は、土佐勤王党の弾圧の際、武市半平太らの解放を求めて嘆願書を提出、それが黙殺されると藩政改革を訴えたため、山内容堂の怒りに触れ、捕えられて、元治元（一八六四）

安政の大地震　安政元（一八五四）年には安政東海地震、その約三二時間後に安政南海地震、翌二（一八五五）年の安政江戸地震と合わせて「安政三大地震」と呼ばれる。

年九月に斬首された「野根山二十三士*」の一人として知られています。

道之助はその少年時代に、坂本龍馬の長姉・千鶴《ちづ》の夫の高松順蔵について儒学を学んでいました。その後、高知城下へ出て陽明学者・岡本寧浦に師事し、江戸遊学の際には佐藤一斎に師事して熱心に陽明学を学んでいます。

龍馬の義兄の高松順蔵も、龍馬を理解するうえで、無視することのできない人物です。

龍馬の家庭環境は、とてもアカデミックだったのですが、その証拠のひとつがこの義兄・高松順蔵の存在です。

「龍馬も、たびたびこの安田の順蔵の家に立ち寄ったが、変わり者の龍馬は、ろくに挨拶もせず座敷にあがり、そのまま寝ころび、起きると縁に立って向こうの屋根越しに見える太平洋をいつも眺めていた」（『高知県人名事典』）というエピソードが残されています。

一六〇ページで「岡本寧浦が土佐勤王党の父ならば、高松小埜は土佐勤

野根山二十三士　土佐藩主・山内容堂によって投獄された土佐勤王党の首領・武市半平太や同志たちを救おうと、元治元（一八六四）年七月、清岡道之助ほか二二人が、野根山の番所に武装して集まった。その後、とらわれ投獄され、斬首の刑に処せられた。

王党の養父である」と述べましたが、高松小埜とはこの高松順蔵のことです。

「安芸郡勤王志士の育ての親」とも称される高松順蔵（一八〇七〜七六）は、奥宮慥斎より四歳年長です。ほぼ同年代といっていいでしょう。

高松順蔵は安芸郡安田村の郷士で儒学者であり歌人でもありました。号を小埜といい、祖父に素読*を受け、その後江戸に出て儒学を学びました。

家督を弟の勇蔵に譲り、画家で篆刻《てんこく》家の壬生水石《みぶすいせき》などに師事して絵（池大雅の流派）や書や篆刻を学んでいます。

また、長谷川流居合術の達人として知られていますが、和歌にも情熱を注ぎ、日本各地の名所旧跡を旅しては、学者や文人と交遊しています。政治上の自説を述べた『経国私言』を郡奉行に提出するなどしていますので、まさしく文武不岐《ふき》（文武両道）の人物でした。

案の定、山内容堂からも再三の召し出しがあったそうですが、にもかかわらず、これを断り続けています。権力から遠く離れ、野にあって子弟の

素読（そどく）　文章の意味を気にせずに、暗誦できるようになるまで繰り返し音読すること。

育成に尽力したのです。
　以下は高松順蔵の主な門人たちです。
・龍馬の盟友の中岡慎太郎（三〇歳）
・緒方洪庵の適塾を経て、禁門の変に参加、奇兵隊士、海援隊士となり、維新後は高知、長崎などの県知事を歴任した石田英吉
・「野根山二十三士」の一人、柏原禎吉《ていきち》（二七歳）
・医師（大坂の適塾、長崎で医学を修める）、「野根山二十三士」の一人、柏原省三《せいぞう》（三〇歳）
・土佐勤王党員、「野根山二十三士」の一人、近藤次郎太郎（二五歳）
・土佐勤王党を経て、吉村虎太郎の天誅組に加わり、大和で挙兵するも破れて斬首された安岡斧太郎《おのたろう》（二六歳）
・土佐勤王党員、「野根山二十三士」の一人、宮田頼吉《らいきち》（三〇歳）
・土佐勤王党員、「野根山二十三士」の一人、宮田節斎（二九歳）

・「野根山二十三士」の一人、豊永斧馬《おのま》（二八歳）
・「野根山二十三士」の一人、岡松恵之助（三〇歳）
・斎藤基良

加えて、順蔵の長男の坂本直《なお》は、海援隊士となって龍馬と行動を共にし、明治になってから朝廷の命令で龍馬の家を継いでいます。

次男の直寛《なおひろ》（南海男）は、龍馬の兄・権平の養子となって、さらに自由民権運動*にその身を投じ、晩年はキリスト教牧師となっています。

順蔵は、明治九年に七〇歳で亡くなりますが、「野根山二十三士」の事件当時、五八歳の順蔵は、二〇代後半の若い愛弟子たちの悲劇的な最後を目の当たりにして何を思っていたのか記録も伝聞も残っていません。

尊王攘夷を説いた土佐藩随一の陽明学者・奥宮慥斎

自由民権運動　明治前期の政治運動・社会運動。薩長の閥政治に反対して、議会の開設、地租の軽減、不平等条約の改正、言論と集会の自由の保障などの国民の自由と権利を要求した運動。

龍馬の環境をわかりやすく理解するために、龍馬の人生と重ね合わせながら、奥宮慥斎《おくのみやぞうさい》について見てみましょう。

奥宮慥斎（一八一一〜七七）は、文化八（一八一一）年七月四日に、土佐藩士・正樹（金臺）を父に、土佐郡布師田《ぬのしだ》村（現、高知県高知市）に長男として生まれています。剣を土方半左衛門に、国学者・田内《たのうち》菜園に和歌・国学を学び、弓術が得意でした。

奥宮慥斎は、藩学である朱子学に疑問を持つようになり、天保三（一八三二）年、二二歳のとき、江戸に出て陽明学者・佐藤一斎に師事しています。

この佐藤一斎の塾で、佐藤一斎の高弟の二本松藩儒者・三谷慎斎《みたにしんさい》に陽明学の書を読むようにしきりに勧められ、陽明学者・川田雄琴《ゆうきん》の『古本大学屑説』を一読し、以後、これまで以上に積極的に陽明学に取り組むようになりました。

陽明学を究《きわ》めた慥斎は、三年後に帰国し、高知城下の中新町の私塾「蓮《れん》池《ち》（はすいけともいう）書院」で陽明学を教えました。龍馬が生まれたのは、慥斎が私塾で陽明学を教えはじめて数年がたったころの天保六（一八三五）年のことです。

慥斎が、当時大坂にいた易学者・八松旭山の紹介で、大坂の陽明学者・大塩平八郎との文通をはじめたのも、この天保六年の二七歳ころからのことです。

ですが、その後起きた「大塩平八郎の乱」で、一味ではないかとの疑いを避けるために、大塩からの手紙をすべて燃やしてしまいました。

慥斎は、土佐藩伝統の南学（朱子学）を学ぶ者たちから嫌われ攻撃されながらも、屈することなく、藩内で同じく陽明学を学ぶ市川彬斎《ひんさい》、岡本寧浦、南部静斎らとともに陽明学の普及につとめました。

嘉永元（一八四八）年、一四歳になっていた龍馬は、城下の日根野弁治に師事して、小栗流剣術を学びはじめます。この年の一〇月四日、慥斎の師で陽明学者の岡本寧浦が亡くなりました。

ます。

また、一二月には、第一五代土佐藩主に山内容堂（豊信）が就任していました。

嘉永末年、一説には安政元（一八五四）年とありますから、慥斎は四〇歳代前半で、陽明学を教えはじめてから一七～八年後の一八五二～四年ころのこと、藩主の山内容堂に意見書を提出したところ、保守的な藩の重臣たちににらまれ、江戸詰めを命じられてしまいます。

のちに三菱財閥の創業者となる岩崎弥太郎の「江戸に出たい」という願いをかなえて、従者の一人に加えたのは、このときのことです。慥斎の江戸行きが安政元年だったとすれば、この年弥太郎は二〇歳でした。初めて江戸に出た弥太郎は、安積艮斎の塾に入門したのでした。

左遷とはいえ、せっかくの江戸詰めです、慥斎は、再び佐藤一斎に師事しました。慥斎の江戸行きとほぼ同じころ、龍馬は剣術修行のために江戸に出て、北辰一刀流の千葉定吉《さだきち》道場に入門、また佐藤一斎の高弟の佐久間象山に師事し、西洋砲術を学んでいますが、あまり興味が持てなかったようです。

龍馬（二〇歳）は、翌年の安政元（一八五四）年に帰国、絵師・河田小龍に世界情勢を聞いています。ここで注目してほしいのは、前に述べましたが、この河田小龍は、陽明学者・岡本寧浦の門人で、奥宮慥斎とは同門ということです。

慥斎は安政六（一八五九）年に帰国します。一説に安政三年に帰国とあります。このころすでに藩内随一の陽明学者となっていた慥斎は、藩校の教授兼藩主・山内容堂の侍読*に大抜擢されます。

ちなみに安政六年は、前年の安政五年に始まった「安政の大獄」の年です。大老・井伊直弼の命令で、吉田松陰や橋本左内らが刑死しています。

この年、龍馬（二五歳）は、この前の年の安政五年九月に二度目の江戸留学から帰国して土佐にいました。当然、龍馬は、奥宮慥斎大抜擢の話を耳にしたことでしょう。

勤王だ、佐幕だと国論が沸騰する中で、慥斎は私塾で尊王攘夷の大義を

侍読　「じどく」もしくは「じとう」と読む。身分の高い人の家庭教師のこと。

説き、龍馬の親友の武市半平太を首領とする土佐勤王党を援助したことから、藩内の佐幕派に嫌われることとなります。

そして、慶応元年（一八六五）五月、武市半平太は切腹を命じられ、慥斎は一二月に罷免、幽閉されてしまいます。

その後、龍馬は、翌、慶応二年、中岡慎太郎とともに、みごとに「薩長同盟」を成立させ、翌慶応三（一八六七）年六月には「船中八策」を提案しますが、同年一一月、中岡慎太郎とともに暗殺され、三三歳という短い生涯を終えるのです。

一方、中年以後は、神道、禅学をも好み、西洋の学術、宗教にも研究の目を向けた奥宮慥斎は、晩年には民権運動に関心を持ちました。

明治二（一八六九）年、文武館（のちに、致道館と改称）教授などに、同年、板垣退助が高知藩大参事となったことから高知藩大属書記に、明治三年には、神祇官権大史《じんぎかんごんのたいし》に任命され、学制の改正や宣教の事務を担当しました。

明治五年、上京し、教部省八等出仕となり、大録、そして大教院（国民に対して尊皇愛国思想の教化〈大教宣布〉をするための機関）の大講義（神道国教化のための〈教導職〉の階級のひとつ。任命制で半官半民の無給の役人）を兼務しています。

明治六年、「征韓論*」が起こり、西郷隆盛らが「明治六年の政変」で辞職したこの年、板垣退助、後藤象二郎、岡本健三郎、副島種臣《たねおみ》、江藤新平、由利公正らとともに「民選議院設立建白書*」を提出しようと古沢滋《うるお》（迂郎）たちが起草したときに、慥斎が加筆修正を手がけたのでした。

陽明学から生まれた自由民権運動

「民選議院」というのは、国民が選びだした議員によって運営される議院、つまり国会のことです。「民選議院設立建白書」というのは、国会開設などを求めた意見書のことです。薩摩と長州による藩閥政治を批判して、

征韓論　明治六（一八七三）年、西郷隆盛・板垣退助らが朝鮮の排日的鎖国主義を名目として、朝鮮出兵を主張した、というのが一般論。しかし、強硬な征韓を唱えたのは板垣退助。西郷隆盛はむしろ派兵に反対した。

民選議院（国会）を開いて国民を政治に参加させることを求めたのです。

しかし、その建白書が、伊藤博文らによって「時期尚早」などを理由に拒否されたために、板垣らは「自由民権運動」をスタートさせたのです。つまり、「民選議院設立建白書」は、自由民権運動がはじまるきっかけとなったのでした。

また、副島種臣、江藤新平は、佐賀の出身なのですが、彼らは、副島種臣の実兄で佐賀の国学者で陽明学者の枝吉神陽《えだよししんよう》（経種）の門人でした。明治政府で活躍した大隈重信、大木喬任《たかとう》なども枝吉神陽の門人でした。

佐賀で直接会った吉田松陰が一目置いたほどの枝吉神陽は、今では「佐賀の吉田松陰」などと呼ばれています。自由民権運動は、土佐からその産声をあげましたが、そこには佐賀の副島種臣（枝吉神陽の実弟）や江藤新平、福井の由利公正（横井小楠の門人）らの力も大きく影響していました。

板垣退助、後藤象二郎、岡本健三郎は土佐出身ですから、当然、藩学であった奥宮慥斎の陽明学の影響は受けていたに違いありませんが、枝吉神

民選議院設立建白書
「征韓論」に敗れ、参議をやめた板垣退助・副島種臣・後藤象二郎・江藤新平らが、明治七（一八七四）年一月、民選議院（今でいう国会）の開設を求めて、太政官（明治政府の最高官庁）左院に提出した意見書。自由民権運動の発端となった。

陽の門人の副島種臣、江藤新平も、また陽明学を学んでいたのです。

また、福井出身の由利公正は、陽明学者・熊澤蕃山に私淑する横井小楠の門人であり、同じく福井藩士で陽明学者の橋本左内の薫陶《くんとう》も受けていました。自由民権運動を語るときも、また、陽明学の影響なしには語ることはできません。

晩年の慥斎は、仕事のかたわら、植木枝盛《うえきえもり》や中江兆民《ちょうみん》らの出席のもと『万国公法』*や『荘子』を読む会を自宅で開いています。

また、明治八年には、外務大臣として不平等条約の改正をみごと成し遂げた陸奥宗光の父で国学者の伊達千広（本名は宗広）とともに、鎌倉の円覚寺管長の今北洪川《いまきたこうせん》を師とする坐禅の会（「禅講究結社」などともいわれています）「両忘社」を結成し、これも自宅で開催しています。

この坐禅の会には、自由民権運動の理論的指導者の中江兆民、剣・禅・書の達人として知られた山岡鉄舟、槍の達人として知られた高橋泥舟、陸軍軍人で政治家でもあり大日本茶道学会の初代会長の鳥尾得庵（小弥太）

万国公法　国際法（国家間の合意に基づいて、国家間の関係を規律する法）の旧称。

らも参加していました。

慥斎は、西郷隆盛が私淑したことで知られる陽明学者・春日潜庵、勝海舟や大久保利通、隣家の住人の井上毅《こわし》（岩倉具視、伊藤博文派の政治家）などのそうそうたる顔触れとも交友がありました。

ここでちょっと「両忘社」にふれておきます。

「両忘社」は、現在、「両忘会」「両忘庵」などと称されていて、宗派にこだわらない在家の仏教徒、いわゆる居士《こじ》たちによる団体となっています。また、この「両忘社」は、現存する「人間禅教団」のルーツです。

「両忘」という言葉は、中国宋代の儒者・程明道の著書『定性書』にある、「内外両忘するに惹《し》かず。両忘すれば則ち澄然《ちょうぜん》無事なり」からとっています。

程明道は、学脈（学統）からいいますと、王陽明の先人といっていい人物です。つまり、陽明学のルーツの一人です。

「両忘」についての意味です。老荘思想や陽明学では、「万物一体」、つまり、「この世の中の物や物事やできごとというのは、一見するとそれぞれが別々のように見えるかもしれないが、実は、すべてがひとつながりにつながっていて、万物は一体だ」と考えます。

「両忘」は、この「万物一体」説と同じことを説いています。さらにいえば、「己を忘れ、物を忘れ」という「自分の内と外の区別を無くした境地」のことをいいます。

善と悪、美と醜、愛と憎、好きと嫌い、冷と暖、勝ちと負け、敵と味方、損と得、成功と失敗などといった両極端のことを忘れる、つまりこの世界が相対立するふたつの要素によってできている、というように、この世界を対立的に見ることを忘れて、あるがままに見る、自然に見る、自然に行う、ということを目指しているのです。

さらに言い換えれば、「中庸」の境地のことです。私欲を無くす、自己を忘れる、「今、ここ」に成りきった伸びやかな境地、といってもいいでしょう。

ですから、「内外両忘するに惹かず。両忘すれば則ち澄然無事なり」を意訳すれば、「内と外、美と醜、苦と楽、自分と他人といったような相対立するふたつのものへのこだわりを忘れるに越したことはない。両極端を忘れることができさえすれば、自分を忘れることにつながり、心はからりと伸びやかで澄みきって何もないのである」となります。

明治一〇（一八七七）年五月三〇日、慥斎は、東京下谷の家で、六七歳で病死しています。著作も多く『聖学問要』『神道弁』『孫子私講』『日本書紀私講』『慥斎先生日記』などがあります。

以下に、奥宮慥斎の門人をあげますが、龍馬の周囲には、いかに多くの陽明学を学んだ人々がいたのかがおわかりになるでしょう。

・明治期の最も優れた自由民権思想家で「東洋のルソー」と呼ばれた中江兆民

・司法界で活躍し、枢密顧問官・男爵となり、陽明学者としても知られた尾崎忠治《ただはる》
・法曹界で活躍、香川県知事をつとめた男爵・小畑美稲《おばたうましね》
・美稲の弟で、土佐勤王党の獄で病死した小畑孫三郎
・大塩平八郎を尊敬し、「民権家判事」の名を得た中尾捨吉《なかおすてきち》（水哉）
・司法省で江藤新平らと活躍した民権運動家・嶋本仲道《しまもとなかみち》（審次郎）
・陽明学者・丁野丹山《ちょうのたんざん》
・河田小龍の門下生で、「大政奉還建白書起草」に加わった長岡健吉
・三菱財閥の創始者・岩崎弥太郎
・慥斎の同志で土佐の陽明学者・南部静斎《せいさい》の息子の南部甕男《みかお》
・日本画家・河田小龍
・高知県会議員から製紙業に転じた中山秀雄
・土佐勤王党員を経て、東征軍の砲兵隊指揮官として各地を転戦、維新後は近衛隊大尉となった秋沢貞之（清吉）

・徳永千規（岡本寧浦の門人）、武市半平太の門人で、維新後、高知県学務課長をつとめた依岡権吉《よりおかごんきち》
・退官後、「随鷗吟社」を結成した漢詩人・土居香国《どいこうこく》

そのほか、門人というわけではありませんが、慥斎の影響を受けて陽明学を独学で学んだのが、自由民権運動家の植木枝盛です。

実に、そうそうたる人物ばかりです。

陽明学者・佐藤一斎の『言志四録』を座右の書とした西郷隆盛

まず、龍馬と西郷隆盛の親友ぶりを示すエピソードをあげておきましょう。

龍馬の妻・お龍《りょう》は次のように語っています。

「龍馬の朋友や同輩もたくさんいましたが、腹の底から深切（親切）であったのは西郷さんと勝さんと、それから寺田屋のお登勢の三人でした」（一坂太郎『わが夫、坂本龍馬、おりょう聞書き』）

また、西郷隆盛の人柄を知るうえで、有名な逸話があります。それは「ふんどし」と呼ばれています。

着の身着のままで薩摩にやってきていた坂本龍馬は、替えの下着にも困って、西郷夫人のイトに「いちばん古いふんどしをくださらぬか」と頼んだのです。

夫人は、頼まれるままに、使い古しのふんどしを手渡して、帰宅した西郷にこのことを話したところ、めったなことでは怒らない西郷が、激怒してこういったそうです。

「国のために命を捨てようという人じゃち知らんとか。新《あたらし》けとに代えっさしゃげもんせ」

と、「お国のために命がけで生きている人に失礼じゃないですか、すぐに新しいのに代えて差し上げなさい」、といったというのです。

晩年、イトは、「あんなに怒られたのは一度だけだった」としみじみ語ったそうです。（平尾道雄『坂本龍馬 海援隊始末記』）

西郷隆盛という人物の、気取らない人柄や、気配り心配りを怠らない、実に思いやりの深い人だということを、思い知らされるエピソードです。

西郷隆盛は、その感化力という点で、吉田松陰によく似ています。

たとえば、薩摩藩の藩主の父は島津久光という人ですが、この人は会社でいえば会長に当たります。政治的な実権はこの会長が握っていました。その会長の命令に背いたということで、遠島、つまり島流しの刑という裁きを受けます。

三二歳のときの最初の奄美大島での生活は「安政の大獄」での幕府から

の追及の手から逃がすためでしたので、政治犯としての島流しというわけではありませんが、途中から待遇改善がなされたにせよ、島に来て最初の頃というのは、まるで流人同然の扱いだったといいますから、その点では、その後の島流しと同じと考えていいでしょう。

二度目は、三五歳のときのことで、まず徳之島へ、次にさらに遠くの沖永良部島へと流されました。許されて鹿児島へ戻ったのは、三八歳のときのことです。

ただし、二度目以後は、家禄《かろく》（給与）・家財没収になっていました。つまり、鹿児島の家族も路頭に迷っていたのです。ですから、西郷隆盛としては、島流しにあって苦しむのは、自業自得だと納得できたとしても、今度は家族も巻き込んでいるわけですから、大変辛かったろうと思います。

そのことは、松陰の場合も同じです。松陰も、西郷と同じで、政治犯として獄につながれました。ですが、松陰の場合も、西郷の場合も、家族が恨みごとをいわないどころか、その逆で、慰めるし、応援しています。

しかし、松陰も西郷隆盛も、政治犯として獄に入れられ島流しにあった人たちです。世間の人たちは、もうそれだけで白い目で見ていたわけですが、西郷隆盛は、奄美大島や沖永良部島や徳之島で、島民たちの相談にのったり学問（儒学など）を教えたりしているうちに、いつの間にか島民たちから尊敬を集めるようになります。

西郷隆盛は「禅をやったから、あの胆力ができたんだ」などといわれます。確かに禅の修養もやったのでしょうが、もうひとつ、陽明学を忘れるわけにはいきません。

西郷隆盛は、故郷の鹿児島にいた一五歳ころから二五歳までの間に、島津家の菩提寺の福昌寺（曹洞宗。現、鹿児島市立鹿児島玉龍中学校・高等学校）の住職・無参《むさん》（円了）禅師のもとに通ったのですが、この福昌寺は、薩摩藩の教育・文化の中心地であり、藩内随一の学問所でした。

当時、「薩南第一の善知識」と称された無参禅師は、元は武士でした。隆盛はこの無参禅師に陽明学を学んでいたのでした。また、一方では、大久保利通の父で琉球館附役の薩摩藩士・大久保次右衛門や同じく薩摩藩士で佐藤一斎の門人で陽明学者・伊藤茂右衛門（一説に伊東猛右衛門）にも陽明学を学びました。陽明学者・佐藤一斎の『言志録《げんしろく》』を愛読し、その手抄、つまり自分の手で直接抜き書きしたものを自己啓発のテキストとして手元に置いて愛読していたことは、よく知られた話です。

『言志録』というのは、正確には『言志四録』といいます。

陽明学者・佐藤一斎（一七七二～一八五九）の著作で『言志録』『言志後録』『言志晩録』『言志耋《てつ》録』の四つの本をあわせて『言志四録』と呼んでいます。その中身は、佐藤一斎が四二歳から四〇余年の歳月をかけて書き続けた語録で、全部で一一三三箇条からなっています。

西郷隆盛は、この『言志四録』から一〇一箇条を選び出して座右の書としたのです。日向国高鍋藩主・秋月種任の三男の秋月種樹《たねたつ》（号は古香）は、この西郷の手抄本を借り出して、そこに感想を加えて、『南洲手抄言志録』*として発行したのですが、それが今日まで読み継がれてきているの

南洲手抄言志録　江戸末期の陽明学者・佐藤一斎が著した『言志四録』から西郷隆盛（南洲）が一〇一項目を選び出し「手抄言志録」を編み、愛読していたことを知った政治家・秋月種樹（古香）が、評を加えて、明治二一（一八八八）年に博聞社から発行したもの。

です。

志士たちの言葉や行動の根っこには、陽明学の思想がありました。

志士たちは、陽明学によって、その心をはぐくみ、物の見方・考え方を磨きあげてきたのでした。

次章では、陽明学の思想について、わかりやすく、詳しくお話ししていきましょう。

第3章
志士たちの心をつかんだ陽明学

「知行合一」――すべてのものは関わりあってつながっている

陽明学といえば、必ずといっていいほど「知行合一」という言葉が出てきます。読み方は、「ちこうごういつ」「ちぎょうごういつ」のどちらでもかまいません。

ネット上のブログなどをのぞいてみますと、「知行合一とは、いくら知識があっても、その知識が行動を伴わなければ何の意味もなさない、という意味になる」とか、「知行合一というのは、〈知って行わないのは、未だ知らないことと同じ〉という意味合いで、端的にいえば、〈思ったことがあるなら、とりあえずやってみろ。思いと行動をひとつにせい!〉という主旨の考えです」などと、「言行一致」のこととして記されています。

しかし、そうではありません。

私たちはよくこういいます。「掃除をした。だからきれいになった」。この言い方の背景には、掃除をした、その結果、きれいになった、という二段階に分ける考え方があります。つまり、プロセスと結果を別々のものと分けて考えるのですが、この考え方が違います。「掃除をすること」と「きれいになった」こととは、別々のことではありません。掃除をした、だからきれいになった、ではなく、掃除をしているその瞬間にきれいになっているのです。つまり、掃除という作業が先で、きれいになるが後ではなく、掃除をすることと、きれいになることとはもともとひとつのものであり、同時進行なのです。そこに前後はないのです。

陽明は、これを「知行並進、よろしく前後を分別するべからず」（『伝習録』中巻、「顧東橋に答える書」）と述べています。また、「知の中に行が、行の中に知が含まれている」とも述べています。つまり、知行合一は「知と行はもともとひとつのもの、一体であり、同時進行する」ということを意味しているのです。知行合一が言行一致を意味しているのではないことがおわかりいただけたでしょうか。

ところで、私が尊敬する人に、鈴木大拙*という世界的な禅僧がいます。明治三年に生まれ、昭和四一年に亡くなった方ですが、明治以後、この鈴木大拙を超える禅僧は、未だ登場していないと私は思っています。

この鈴木大拙が『東洋的な見方』の「現代世界と禅の精神」の中でこう語っています。

「この世界には、〈思議の世界〉と〈不思議の世界〉と、二つの世界があることを知らねばならぬ。」

つまり、この世界には、「思議の世界」と「不思議の世界」という、ふたつのものの見方・考え方があるというのです。続けて、鈴木大拙は「思議の世界」とは「知性の世界」のことであり、知性の特性は、何でもまずふたつに分けて、それから考え出す、ふたつに分けるから客観性があり、自分はもちろん、誰にでも提示して見せることができるのだ、といってい

鈴木大拙　明治〜昭和時代の仏教学者。石川県金沢市生まれ。東京帝国大学卒業。明治三〇年渡米し、四二年に帰国、学習院教授、大谷大教授をつとめながら、仏教研究家として教育、研究、著作活動に従事、仏教や禅思想を広く世界に紹介した。

ます。

みんなの目の前に出ているので、市場で物を売り買いするように、お互いにその品物を批評したり、値段をつけたりすることができます。これを「はっきりする」という、と述べています。つまり、「思議の世界」は「分別の世界」であり、教えたり教えられたりすることのできる世界、考えることでわかる世界、と言い換えることができます。

たとえば、そこに花があるとします。その花を見るという場合、見る私と、見られる花のふたつに分かれたまま、というのが鈴木大拙のいう「思議の世界」です。一般的にいって、欧米人は、こうした二分性の考え方、感じ方をします。そして、とくに明治以後、欧米の影響を受けてきた私たち日本人も、今ではこの二分性の考え方、感じ方が当たり前になってきています。

では、もうひとつの「不思議の世界」とは、いったいどういうものなのでしょうか。鈴木大拙は、こういっています。

「見るものと見られるものの関係でいえば、見るものが見られるもの、見られるものが見るものである」

これが「不思議の世界」です。少し難しくなりますが、鈴木大拙は、「東洋人は物がまだ二分しないところから考えはじめる」と語っています。

もう一度、花を例にあげます。

西洋人は、花を見る私と、見られている花という対立関係において、花を分析的に見るわけですが、東洋人は、花を見ている私と見られている花とが対立関係にはない、見ている私と見られている花とがひとつになっています。

「我を忘れる」という言葉があります。きれいな花でも音楽でもいいのですが、何かを見たり聞いたりしたときに、文字どおり「我を忘れて見入っている、聞き入っている」、そんな状態を経験したことがありませんか。これが鈴木大拙のいう「不思議の世界」、東洋的なものの見方・考え方なのです。

いちばん大切なことは「ものの見方・考え方」

くどいようですが、さらに、陽明の「知行合一」についての晩年の考えをご紹介しておきます。門人の陳九川《ちんきゅうせん》の「知行合一についておたずねします」の質問に、陽明は、次のように答えました。

「まず、なぜ、私が〈知行合一〉を主張するのかを理解してもらわなければなりません。今の人は学問をするにあたり、知行を分けてふたつのものとしてしまいます。だから、心に、ある思いや考えが生じて、それが善くないものであっても、『いや、まだ行動に現わしてはいないのだから』と、あえてこの思いに対して『これではいけない』と思っても、その善くない思いを禁止しようとはしないのです。

私が、今、〈知行合一〉を説くのは、人の心にちょっとでもある思いが生じたら、それはすでに行ったことであることに気づいて欲しいからです。

また、生じたその思いが、善くない思いであるのなら、ただちにその善くない思いを克服するべきであり、それも、その思いがほんのちょっとでも心の中に潜み残ることがないように徹底するべきなのです。これが、私が主張する根本主旨です」（『伝習録』下巻「黄以方所録」）

陽明が指摘しているように、私たちは、心にある思いや考えが生じて、それが善くないものであっても「いや、まだ行動にあらわしていない。心の中では何を思おうが自由だ」などと、この善くない思いを心の中から追い出そうとしないものです。しかし、最初はちっぽけな思いだったものが、だんだんエスカレートしていって、それが心の中にいっぱいになって、ついには行動となってあらわれるのです。

悪人といわれる人たちも、最初から悪人だったわけではなく、思ってはいけない、考えてはいけないことを、言い換えれば自分中心の、勝手なことばかりを考えるようになってしまい、つまり、善くないことを考えることが習慣のようになってしまい、とうとうそれを行動に移すようになってしまったというわけです。

最初の小さな思いのときに、「これではいけない」という声に耳を傾ければよかったのですが、「大事と小事」とを区別するという物の見方・考え方が癖になっていた、つまり、「この程度のちっぽけなことを思ったり、考えたりするぐらい、いいじゃないか」という気持ちがあったのではないでしょうか。

しかし、その思いが次の段階に行きますと、小さな悪事を働くようになったときに「この程度のことで、目くじら立てることはないだろう。些細なことだから」と、目をつぶってしまうようになります。

少年犯罪でよくいわれることがあります。それは「少年が動物虐待をはじめたら、それは危険な兆候だ。そのまま放っておいたら、エスカレートしていって次には人を傷つけるようになる」と。小さいことの積み重ねが、大事になってしまうのです。

結論をいいましょう。小事と大事の区別などないのです。小事と大事はもともとひとつのものであり、つながっている、という事実に気づかなければならないのです。

「この程度のちっぽけなことを思ったり、考えたりするぐらい、いいじゃないか」という私欲を野放しにすると、いつかは身を滅ぼすことにつながってしまうのです。

もう一度注意しておきます。心の中でやましいと思ったこと、たとえば、本当はその悪事に加担したのに「自分はやってない」と嘘をつこうと思ったり、友だちの持ち物を無性に欲しくなって、自分のものにしようと思ったり、嫌いな奴にいたずら電話をするなどの嫌がらせをしようと思ったり、友人の恋人を横取りしようと思ったり、自分のミスを他人のせいにしようと思ったり、もしかしたら誰かに殺意を抱くことだってあるかもしれませんが、いろいろな善くない思いが生じたときに、ふつうは、その感情をただ押し殺すことにつとめてしまいます。

でも、それではダメなのです。押し殺す前に、自分の心にそんな善くない思いが生じたことにまず気がつかなければなりません。それが悪念であれ善念であれ、胸中に起きた思いに気づくということは、実はすごいことなのです。気づかない人もいますが、そういう人は、動物と同じで、感情のおもむくままに生きている人です。

孔子の言葉に「幾《き》（きざし）を知るはそれ神《しん》か」（『易経*』繋辞下）とありますが、この言葉は「物事のきざしを見て、早くも事件の起こることを察知するのは、神というべきであろう」という意味で、兆しを知ることの大切さを述べています。

易経　中国最古の哲学書で、中国思想のルーツといえるもの。占筮（せんぜい＝細い竹を使用する占い）の法により、倫理道徳を説いたもの。占筮と義理の書といわれている。義理とは筋道、原理のこと。

怒りを爆発させた後では、あるいは暴力をふるって相手を傷つけた後では、もう遅いのです。できることなら、その兆しの段階で対応すべきだということなのです。

火事は小さなうちならすぐに消すことができますが、大きくなってからでは、もう手がつけられない、ということです。

私たちには生まれながらに「良知」が宿っている

では、対応の仕方については、江戸時代、中江藤樹の教えが「藤樹学」と呼ばれ、日本各地で学んでいた人たちの間で実際に活用されていたものをご紹介しておきましょう。

中江藤樹の孫弟子の一人に、大坂で活躍した木村難波という人の後継者で松本以休という人がいました。この松本以休は、美作*の森美濃守の家臣、つまり津山藩の武士でしたが、よほど求道心の強い人だったのでしょう、

美作（みまさか）　旧国名のひとつ。現在の岡山県北東部。作州（さくしゅう）ともいう。

職を辞して木村難波に師事し、藤樹学を修め、門人たちの指導にその生涯をささげました。

その松本以休がこう述べています。

「私たちは、しどろもどろ、つまりいつも右往左往していて、なかなか一貫性がない。ではあるけれども、しどろもどろであっても、良知は常住不変、常に変わることなく存在していて、私たちの心を照らしてくれています。

なぜなら、私たちが、しどろもどろだと知ることができるということこそが、良知がいつも照らしてくれているという証拠です。

ですから、私たちは、いつどんなときでも照らしてくれているこの良知を信じればいいのです。何も、しどろもどろのほうに目を向ける必要などないのです」（木村光徳『日本陽明学の研究、藤樹学派の思想とその資料』）

つまり、しどろもどろだからとか、あるいはイライラしているからといって、それを何とかしよう、イライラしないようにしようなどと思う必要などないというのです。

むしろ、そう思えば思うほど、善くない思いを抑え込もうとすればするほど、悪循環に陥ってしまいます。そうではなくて、しどろもどろだよ、イライラしているぞ、と教えてくれたのは良知なのだから、その良知が私には働いてくれているのだと自覚し、良知に感謝するだけで、自然に、しどろもどろやイライラした気持ちは、おさまっていくのだ、というのです。

では、この「良知」とはなんでしょう。

「致良知」——心を磨くからこそ技術がついてくる

日本陽明学の祖といわれる中江藤樹は、王陽明晩年の「致良知《ちりょうち》」という言葉を書にしています。今から約三七〇年前に書かれたこの書を、私たちは中江藤樹の生まれ故郷の滋賀県高島市の「中江藤樹記念館*」で目にすることができます。

「良知を致す」と読みます。中江藤樹は、これをあえて「良知に致る」と読みました。

まず「良知」についてお話ししておきましょう。

王陽明は「良知」という言葉を、『孟子』にある「人間には、とくに学ばなくても自然によくできるという能力、すなわち良能があり、あれこれと考えなくても自然に知ることができるという知恵、つまり良知がある」（尽心章句上篇）からとったといわれています。

つまり「人間は、教育や経験によらないでも、知ったり行ったりすることのできる能力を、生まれながらに持っている」というのです。

R・シュタイナーも「人間の魂には、真理を感じとる能力が本来備わっ

***中江藤樹記念館**　所在地：滋賀県高島市安曇川町上小川六九。JR湖西線「安曇川駅」下車　徒歩一〇分。
☎ 0740-32-0330

ています」（『シュタイナーの死者の書』「第一部、霊学の課題と目標」）と述べています。

生まれながらに持っているということから、良知のことを、本能だと思う人が意外と多いので、この説について考えてみましょう。

まず、「本能とは、人間を含む動物が生まれながらにして持っている性質や能力」のことです。人や動物の行動を学習と本能のふたつに分ける説がありましたが、最近では、動物学者によれば、その区別には意味がないといわれています。

では、ここで、中南米に生息している、とても興味深いハキリアリの話をしましょう。

このアリは同じく中南米の熱帯雨林にいる凶暴な「軍隊アリ（アーミー・アント）」とは違います。軍隊アリは肉食ですが、ハキリアリは草食です。英語でも「リーフ・カッティング・アント」「リーフ・カッター・アント」などと呼ばれているように、自分の体より大きい葉っぱを、頑丈なアゴの力で切り取っては、せっせと巣に運んでいる姿が知られています。

実は、驚くべきことに、彼らは巣の中でキノコを育てています。その葉っぱは食べるのではなくて、細かく噛み砕いて肥料にするのです。キノコというと、傘のついた、しいたけのような形をイメージしてしまいますが、そうではなくて、アリタケ（蟻茸）という菌糸《きんし》を育てているのです。

この菌は、ハキリアリの巣の中以外には存在しません。つまり、ハキリアリがいないとアリタケもない、というわけで、共生*の関係にあります。このアリタケの胞子から出る糖分が、幼虫のえさになるわけです。

こうお話しすると、いかにも、ハキリアリは、立派なアリのように思えてしまいますが、実は、人間にとっては害虫です。巣の直径は五～一〇メートルもあって、ひとつの巣には一〇〇～二〇〇万匹のアリがいるそうですし、大きな巣になると八〇〇万匹もいるそうです。たとえばコーヒー園などは、あっという間にかじりとられてしまいます。ですから「森の破

共生　この場合、異種の生物が相互に作用し合う状態で生活すること。クマノミとイソギンチャク、アリとアリマキ、鉄砲エビとハゼなどの関係がよく知られている。

壊者」という別名もあるほどです。

このハキリアリには、一匹の「女王アリ」と「雄アリ」と「働きアリ」がいます。雄アリは普段はいなくて、巣が大きくなるとあらわれます。注目していただきたいのは働きアリです。ハキリアリのほとんどは働きアリで、それもすべてメスです。そして、この働きアリは、大・中・小に大きさが分かれていてそれぞれの仕事（役割）が異なります。

そして、その身体の大きさと役割の違いは、与えられた食物によって決まるのだそうです。同じ遺伝子なのに、その行動がまったく違っているわけですから、良知イコール本能という説は成り立たないのです。

今お話ししたハキリアリは、日本では唯一、多摩動物公園＊の昆虫館で見ることができます。

良知とは、生きていくのに必要な心の本質

多摩動物公園　所在地：東京都日野市程久保七－一－一。京王線、多摩モノレール「多摩動物公園駅」下車、徒歩一分。
☎ 042-591-1611

もう少し、良知について考えてみましょう。
王陽明は次のように説明しています。

「良知とは、孟子が〈是非の心は人がみな持っているものだ〉というところの〈是非の心〉のことです。この是非の心は、考えなくても知ることができ、学ばなくても自然にできるものであり、だからこそ良知というのです。

良知は、天命によって人間に与えられた本性であり、心の本体であり、自然に霊妙な知覚をなすものなのです。善い思いが起こったとき、私たちの心の良知はこれを知り、善くない思いが起こったとき、私たちの心の良知はこれを知ります。しかも、それは他人がそのことを知ることができません。私たちの心の中だけのことです。

ですから、善くないことを平気でやっておきながら、君子*を目にすると、善くないことを隠し、善いところだけを見せようとするのは、本来、

君子（くんし）　尊敬に値する人。

人には、ごまかすことのできない良知というものがあることを証明しているのです。

今、善悪を区別して、思い（意）を誠にすることを望むのでしたら、ただこの良知の判断力を発揮するしかないのです。

というのも、意念、つまり何らかの思いが生じたとして、私たちの心の良知が、すでにその思いが善であることを知ったにもかかわらず、その善い思いを心から好むことをしないで、誠の心にそむいて善い思いを放り出してしまうことがあるとすれば、これは善を悪とするものであって、自分から善を知った良知を曇らせることになるのです。

もし、このようであったのなら、良知は善悪を知ることができたにしても、実際には知らないのと同じであって、思いを誠にすることなどできないのです。

もし良知が知ることのできる善悪について、心から好み心から憎むならば、良知を自分から欺くことなく、思いを誠にすることができるのです」（『大学問』*）

陽明のいう良知とは、ズバリ一言でいえば、「是非の心」のことです。是と非、正しいか正しくないかを判断する心のことです。

陽明は「是非の二字こそ、この世における一大規矩《きく》」（『伝習録』下巻、「黄省會所録」）、つまり、是非の二文字は、この世を生きていくうえでのおおいなるコンパスと物差しに相当するものだ、と語っています。そして「良知とは、仏教で説く心印のようなものであり、これこそ試金石であり、指南針（羅針盤）です」とも語っています。

心印とは、禅宗の用語で「心がピタリと仏の心と一致すること」です。言い換えれば「仏の心そのもの」ということです。

大海に船出するには羅針盤が必要ですが、それと同じように、人生という大海に船出するには、良知という羅針盤が必要になってくるのです。

大学問　四書のひとつ『大学』に関する王陽明の講義を弟子の銭徳洪が記録したもの。王陽明の思想の根本を問答形式で述べてある。新釈漢文大系『伝習録』（明治書院）に現代語訳がある。

「本来の面目」とは「良知」のこと

中国・宋王朝の時代の禅の本『無門関』*に「本来の面目」という言葉があります。

王陽明は「〈本来の面目〉とは、儒者がいう〈良知〉のことです」（『伝習録』中巻「又」）と述べています。

この『無門関』は、わが国では、江戸時代によく読まれました。もちろん、今でも読まれていて、野口整体*の創始者の野口晴哉氏が、やはり禅の本の『碧巌録』*と共に愛読した本としても知られています。

野口晴哉氏は「子供が子供なのは天心の故だ。これを歪《ゆが》めまい。傷つけまい。大人のはからいは、ともすれば天心を曇らせる」（『叱言以前』「子供の世界」）と語っていますが、野口晴哉氏のいう「天心」とは、まさしく王陽明がいう「良知」のことといっていいでしょう。

無門関　全一巻。中国、南宋の臨済宗の僧、無門慧開（むもん・えかい）の著書。古人の禅問答四八則を選び、これに評唱（批評と提唱）と頌（じゅ）（ほめたたえる言葉）を加えたもの。

野口整体　野口晴哉氏の創始した整体法の一派。身体だけを調整するのではなく「心身一如」の観点から、心と身体を調整して、自然体で生きることを目指している。野口体操とは別。

「本来の面目」の「面目」とは、「顔つき、顔かたち」「ものごとのようす、あり方」のことです。つまり、仏教でいう「本来の面目」とは、「自分本来のあり方」「本来の自分」を意味しています。もっとわかりやすくいえば「本当の自分」のことです。

王陽明は、良知を言い換えて「真己《しんこ》（真の己）」「心の本体」などと述べていますが、この「本当の自分」を自覚することが、人生でもっとも大事なことであり、それが仏教でいう「悟る」ということであり、それも誰かに教えてもらえるものではなく、自分自身で自覚し体認するしか方法がないものだ、といっているのです。

「本来の面目」を、ほかの仏教用語で言い換えると「仏性《ぶっしょう》」「如来蔵*」「真如*」などとなります。「仏性」とは「一切衆生が本来もっている仏となるべき性質」（『広辞苑』）と辞書にあります。

王陽明のいう「良知」や「聖人」、シュタイナーのいう「高次の人間」、聖書にいう「内なるキリスト」（「コロサイ人への手紙」第一章二七節）、仏

碧巌録（へきがんろく）　全一〇巻。中国、宋代の圜悟克勤（えんご・こくごん）の著書。禅問答集の代表的作品で、とくに臨済宗で尊重する。

如来蔵　仏教用語。真如（しんにょ）・仏性ともいう。凡夫の心の中にある如来（仏）になり得る可能性のこと。

真如　仏教用語。ありのままの姿。万物の本体としての永久不変の真理。宇宙にあまねく存在する根元的な実体。法性（ほっしょう）。実相。

教でいう「本来の面目」や「仏性」に相当する言葉は、いくつもあげることができます。

私が好きなインドの思想家クリシュナムルティは「叡智」「心の最深部にある真理の泉」などと表現しています。

中江藤樹は「良知」のことを「明徳《めいとく》仏性」などと言い換えました。「明徳仏性」という言葉は、まさしく儒教と仏教を合体させた、「儒仏一致」の言葉なのです。

「真実の自己」には、聖人愚人の区別はない

さらに「良知」のことを続けます。陽明は「良知」のことを「聖人」と言い換えていました。そのことについて、陽明はこんなふうに述べています。

「人の胸中には、誰でも聖人が宿っています。ただ、自分でそのことを信じることができないために、それを埋もらせてしまっているのです」(『伝習録』下巻、「陳九川所録」)

私たちは、私たちが思っている以上に、すばらしい能力を私たちの内部に、心に秘めているというのです。

ルドルフ・シュタイナーも、王陽明と同じようなことを述べています。シュタイナーは、「ゴルゴダの秘蹟*が生じて以来、私たちの中にはキリストが生きています」(『シュタイナーの死者の書』「第二部 人間の内的本性と死から新しい誕生までの生活、第三講」)と語っています。この言葉は「人の胸中には、誰でも聖人が宿っています」という陽明の言葉を思い起こさせてあまりある言葉です。

シュタイナーは、イエスがゴルゴダの丘で十字架にかけられて死んでからというもの、私たち一人ひとりの胸中にキリストが宿るようになった、

ゴルゴダの秘蹟　ゴルゴタの丘でのイエスの死のこと。この「ゴルゴタの秘蹟によって、太陽神キリストは地球と一体となった」とルドルフ・シュタイナーは語っている。その結果「人間は、それまでは、自分の外部に求めていた道徳（良心）を、自らの内部に求めるようになった」という。

といっています。

つまり、陽明もシュタイナーもともに、私たちの日常生活を支配している「私」の内側に、もう一人の私、「本当の私」がいる、と語っているのです。そして、「日常生活の私」が、私欲を少なくすることにつとめることによって、もう一人の「本当の私」に出会っていくことが大事だというのです。

このとき、注意することがあります。それは「本当の自分探し」をするにあたって、社会から引きこもって、人気のない山の中や自分の部屋で、一人静かに修行するのではなく、人を愛することと「本当の自分探し」は同時並行でなければ、真の修行にはならない、ということです。シュタイナーも陽明も同じことを語っています。

そして、さらに、世界的な名著『夜と霧』の著者ヴィクトール・エミール・フランクルは、陽明がいう「良知」「聖人」のことを、「真実の自己」といっています。

フランクルは、精神分析学でその名を知られているフロイト*の弟子の一人で、ユダヤ人です。そのため、アウシュビッツ強制収容所*に収容されたのですが、奇跡的にも生きて収容所を出ることができ、収容所での地獄のような体験をもとに『夜と霧』や『死と愛』を書いた人です。

フランクルのいう「真実の自己」という言葉は、書斎から生まれた言葉ではなく、地獄のような体験から導き出された言葉です。この世の地獄を見てきたにもかかわらず「人間には〈真実の自己〉というものが備わっている、そして、その〈真実の自己〉は、人間の本質であり限りなく崇高なものだ」と説いたのです。

『夜と霧 新版』には、たとえば、こんなことが書いてあります。少し長くなりますが、引用してみます。

「収容所の棟と棟のあいだは一面のぬかるみだ。泥をどかしたり、あるいは〝地ならし〟をするたびに、わたしたちは泥まみれになった。新

フロイト　ユダヤ系オーストリア人の精神科医。精神分析の創始者。無意識の構造や作用を研究して、治療法および深層心理学である精神分析を確立した。主な著書に『夢判断』『精神分析入門』など。

アウシュビッツ強制収容所　第二次世界大戦中に、ナチス・ドイツが、ユダヤ人、反ナチ分子、反独分子、同性愛者、常習的犯罪者といった人たちを強制的に収容した施設。現在も、ポーランド南部にその施設跡地が保存されている。

入りは、往々にして便所掃除や糞尿の汲み取りを受け持つ作業に配属された。糞尿は、でこぼこの地面を運んでいくとき、しょっちゅう顔にはね返るが、ぎょっとしたり拭《ぬぐ》おうとしたりすれば、かならずカポー*の一撃が飛んできた。労働者が〝上品ぶる〟のが気にさわったのだ。（中略）

被収容者は点呼整列させられ、ほかのグループの懲罰訓練を見せられると、はじめのうちは目を逸《そ》らした。サディスティックに痛めつけられる人間が、棍棒で殴られながら決められた歩調を強いられて何時間も糞尿のなかを行ったり来たりする仲間が、まだ見るに耐えないのだ。（中略）

被収容者は夕方、診療所で押し合いへしあいして立っていた。…（中略）…そこに十二歳の少年が運び込まれた。靴がなかったために、はだしで雪のなかに何時間も点呼で立たされたうえに、一日じゅう所外労働につかなければならなかった。その足指は凍傷にかかり、診療所の医師は壊死《えし》して黒ずんだ足指をピンセットで付け根から抜いた。それを被収

カポー　収容所で準看守の役割をしていた囚人。労働監視人。

容者たちは平然とながめていた。嫌悪も恐怖も同情も憤りも、見つめる被収容者からはいっさい感じられなかった。

苦しむ人間、病人、瀕死《ひんし》の人間、死者。これらはすべて、数週間を収容所で生きた者には見慣れた光景になってしまい、心が麻痺してしまったのだ。（中略）

またひとり死んだ。するとなにが起こるか。X回めに、そう、X回めに。感情的な反応など、もはや呼び覚まされない。いったいなにが起こるのか。見ていると、仲間がひとりまたひとりと、まだあたたかい死体にわらわらと近づいた。ひとりは、昼食の残りの泥だらけのじゃがいもをせしめた。もうひとりは、死体の木靴が自分のよりましなことをたしかめて、交換した。三人めは、同じように死者と上着を取り替えた。四人めは、（本物の！）紐を手に入れて喜んだ。（中略）

ほとんどの被収容者と同じく、このころわたしは、飢餓浮腫に悩まされていた。脚はぱんぱんにふくらんで、皮膚はろくに膝が曲がらないほど突っ張っていた。靴は紐を結ばずに、腫れあがった足を突っ込むしかなかった。ぼろ布か靴下のようなものは、あったとしても、それを履いたうえに靴を履くことは無理だった。それで、半ばむき出しの足はいつも濡れていて、靴には雪が入りこんだ。これではもちろん、足はすぐに凍傷になり、霜焼けは崩れた。まさに一歩一歩が地獄の苦しみだった。しかも、雪を行進すると、ぼろ靴の底に雪がくっつく。仲間たちはしょっちゅう転び、続く者たちが将棋倒しになった。

するとその部分で行進はつっかえ、列が途切れてしまう。だが、それも長いことではない。すぐさま同行の監視兵がとんできて銃床*で殴りかかり、ただちに立ち上がらせるからだ」（「第二段階　収容所生活」）

善も悪も人の本性である

労働も過酷ですが、室内といえどもツララができるほどの寒さで、ノミ、

銃床　小銃などで、銃身を支える部分。発射時の反動を抑制するために、肩に当てる部品を指す。ふつう木製。

シラミにも悩まされ、食事は「日に三〇〇グラムのパン（というのは表向きで、実際はもっと少ない）と一リットルの水のようなスープ」だったといいます。

そんな生き地獄のような中であっても、「周囲はどうあれ、〈わたし〉を見失わなかった英雄的な人の例はぽつぽつ見受けられた」（「第二段階　収容所生活」）そうです。

そのことに関して、フランクルは次のように述べています。

「被収容者を心理学の立場から観察してまず明らかになるのは、あらかじめ精神的にまた人間的に脆弱《ぜいじゃく》な者が、その性格を展開していく中で収容所世界の影響に染まっていく、という事実だった。脆弱な人間とは、内的なよりどころをもたない人間だ」

「内的なよりどころ」を、フランクルは「真実の自己」と言い換えています。さらに、「過酷きわまる外的条件が人間の内的成長をうながすことがある」（前掲）と説いていますが、この言葉から、今から約二三〇〇年昔の中国の儒学者・孟子の言葉を思い出します。

「天が重大な任務をある人に与えようとするときには、必ず、まずその人の精神を苦しめ、その筋骨を疲れさせ、その肉体を飢え苦しませ、そのすることなすことを失敗ばかりさせて、そのしようとする意図とくいちがうようにさせるものだ。これは、天がその人の心を発憤させ、性格を辛抱強くさせ、こうして今までにできなかったこともできるようにするための貴い試練である」（『孟子』告子章句・下）

ところで、善と悪について、私たちはわかったつもりになっていますが、果たして本当にわかっているのでしょうか？

次に紹介するのは、王陽明の善悪論です。

あるとき、門人の黄以方《こういほう》が、次のような質問をしました。

「先生は、以前『善と悪はあくまでもひとつのものである』とおっしゃったことがあります。ですが、善と悪という両極端は、相反する氷と炭火のようなもので、まるで別々のものです。どうしてこれをひとつのものだとおっしゃるのですか？」

陽明は答えました。

「最高善（至善）は心の本体です。その本体の上で、少しでも行き過ぎたところがあれば、それこそが悪なのです。ひとつの善があって、それに対立する悪があるというような関係ではありません。ですから、善と悪はもともとひとつのものなのです」

この陽明の話を聞いて、黄以方は納得してこう述べています。

「私は、先生の話を聞いて、その昔、程子*がいった『善はもちろん人

程子（ていし）中国、北宋の兄弟の儒学者、程顥（ていこう、号は明道）、程頤（ていい、号は伊川）の尊称。二程子ともいう。「子」は先生を意味する。

の本性である。悪もまた、本性といわなければならない』(『二程遺書』巻一)という言葉や、『善と悪はどちらも天理であり、これを悪といっても、もともと悪だったというわけではありません。ただ、本性のもともとあるべきあり方から、行き過ぎたり及ばなかったりしただけなのです』との説のどれにも疑問の余地のないことがわかったのです」(『伝習録』下巻「黄以方所録」)

私たちは、善と悪というものは、神と悪魔、あるいは善いことと悪いことに代表されるように、あくまでも相対立するふたつのものであり、善とは別に悪が存在している、そう思い込んで生きています。

ですから、誰しも、つい「善いことをしなさい、悪いことはしてはいけません」という言い方をしてしまいます。無意識のうちに「善と悪は別々だ」との思いがありますが、陽明は「そうではない。善と悪は、もともとひとつなのだ」と説いているのです。

出口王仁三郎(でぐち・おにさぶろう) 「大本」教祖。「わにさぶろう」とも。二七歳ころに神人合一の神秘を体験。霊能者・出口ナオの女婿となり、ナオを教祖として大本教を組織。弾圧を受け、不敬罪などで投獄されたが第二次大戦後無罪となった。享年七六歳。

ほどのよさを得た心を「義」という

ところで、王陽明の善悪説は、何も王陽明の専売特許ではありません。たとえば、出口王仁三郎*なども著書『霊界物語』*に、「善悪一如」「善悪不二」「善悪不離」を説いていますし、仏教でも同じことを説いています。では、東洋思想だけが「善悪一如」を説いているのかといいますと、これもまた、そうではありません。ゲーテの思想と、そのゲーテの思想を継承し、さらに発展させたルドルフ・シュタイナーの思想がそうです。

たとえば、節約とケチは違います。

節約は善いことですが、その節約が度を過ぎたときにケチとなり、悪になるのです。

自尊心、プライドという言葉があります。これがないと、卑屈に生きることになります。それでは困りますが、この自尊心があり過ぎると、つま

霊界物語　出口王仁三郎が、大正一〇（一九二一）年から、神人合一のトランス状態で口述したものを門人が筆記して書いた全八三冊の書。すべてが神示だといわれ、大本教では『大本神諭』とともに二大教典とされている。宇宙創造から、太古の神々の戦争、大洪水、そして五〇世紀の未来の話まで語られている。

り度を過ぎると、傲慢、思いあがりとなり、やはり悪となります。

シュタイナーがいいたいことは「相反する二つの力のどちらかに傾斜し過ぎることなく、両者の間にバランスをとって毅然として生きることこそが、人類の、人間のやらなければならないことであり、その典型こそがキリストである」というのです。

ですから、シュタイナーは「キリストは、両極端を克服する〈中心の力〉を意味している」と説くのです。シュタイナーのいわんとするこの「中心の力」こそ、東洋思想でいうところの「中庸（中道）」そのものといっていいでしょう。

ところで、幕末の陽明学者の山田方谷*は、その晩年に『孟子』の「養気章」が孟子の思想のエッセンスであることを見抜き「気の哲学」を唱えました。

山田方谷の「気の哲学」をわかりやすくいいますと、「心の平安、言い換えれば不動心を養うには〈気の働き〉であるところの〈義〉を積み重ね

山田方谷（やまだ・ほうこく） 幕末期の儒家・陽明学者。方谷は号。「備中の（現在の岡山県高梁市）聖人」と称された。農・商の家に生まれ、佐藤一斎と並び称された丸川松陰に師事、苦学が認められて武士に取り立てられ、備中松山藩の財政建て直しに貢献。維新後はすべての招聘を断り、師弟の育成につとめた。

る、これしかない。そうすれば、身体の中から気が生じてくるのだ」となります。そして、方谷は「義とは筋目のことだ」と述べています。

「義」についてもう少し詳しくお話しておきましょう。

王陽明は、孟子のいう義について「義は宜《ぎ》なり。心、その宜《よろ》しきを得る、これを義という」（『伝習録』中巻「答欧陽崇一」）と述べています。中国語で「義」と「宜」は同音になります。

「義とは宜なり」とは、四書のひとつの『中庸』という本にある言葉で「義とは事物に適切であること」とあります。つまり「〈義〉とは〈宜しい〉という意味であり、心がほどのよさを得たのを義というのだ」と陽明は説いているのです。

「ほどのよさ」とは「ちょうどいい」ということです。「中庸」のことです。続けて、陽明はこういっています。

「〈良知を致す〉つまり、良知を発揮することができれば、心は自然に宜しきを得て、何ごとにも過不及のないほどのよさを保つことができる。だから〈義を積み重ねること〉即ち〈集義〉も〈良知を致す〉ことにほかならないのだ」

ここでも「過不及のないほどのよさを保つこと」の大切さが説かれており、さらにはそれこそが「義を積み重ねること」であり「良知を致すこと」とイコールなのだ、といっているのです。

では、晋作や方谷が愛読した熊澤蕃山の『集義和書』の中から、私のおすすめの一説を紹介しておきましょう。〔 〕内は筆者注。

「人は誰であれ、悪口をいわれることを憎み、よい評判が立つことを好むものです。小善を積んでも、それがある程度積もらなければ、よい評判は立ちません。小人というのは、人目に立つほどの大善ならばやってみようと思い、小善には目もくれません。

ですが、君子というものは、毎日毎日にやるべき小善をひとつも見逃しません。もちろん、大善も、やるべきときには行います。ですが、大善は求めてまでもやるべきことではありません。

大善は、とても稀ですが、小善は毎日のようにたくさんあるのです。大善は、名〔名利〕に近く、小善は徳に近し、です。

大善は、人々が争ってやろうとします。名利*を好むからです。ですが、名利を動機にして行われるときには、大善は小善になるのです。

君子というものは、小善を積んで徳を身に付けるものなのです。真の大善は、徳より大きいものはありません。徳は、善の淵源〔根源〕なのです。徳があるときというのは、無心であり、善は限りがないものです。

あなたは、経済的にあまり余裕のない親類が多いということですが、真心のこもった心遣いで善行をし、徳を積むことができるのですから、なんとも幸せなことではありませんか。自分から求めることなく、あな

名利（めいり）　有名になることと利益を得ること。

たの名声は耳にするようになることでしょう。

　善行をするきっかけだとお思いになるなら、嫌がる気持ちも生じなくなるはずです。かえって、人に善行をするぞという楽しみとなることでしょう。そのうえ、人の喜ぶ気持ちが集まってくれれば、和気*があなたのご自宅に満ちるに違いありません。毎日、音の出ない音楽を聞くようなものです。

　人々の心が服従するときは、号令がいきわたり、礼儀が立つものです。和して、かつ礼があれば、子孫は必ずや多福を受けるものです。『易』にこうあります。〈積善の家には必ず余慶《よけい》あり〔善行を積み重ねる家には、必ず祖先のしたよい事がらによって子孫にまで及ぶ幸福がある〕〉と」（「巻第十五」）

　これを現代風にすれば、

「大金を震災被害者に寄付するとか、ボランティアをするとかいったこ

和気（わき）　なごやかなふんいき。

とだけが善行なのではなくて、私たちが、日々やらなければならないこと、たとえば、家族のための食事をつくるとか、部屋の掃除をするとか、洗濯をするとか、身内や友人にあてて手紙を書いて出すとか、日用品の買い物に行くとか、仕事をするとかいった日常生活の些細なことも、心がこもっていれば、善行なのだ」

というのです。

また、禅仏教の物の見方・考え方は、陽明学の「心即理」とまるで瓜ふたつです。「心はすなわち理（心即理）」ということの言葉は、わかりやすくいえば「心の奥に天理（天則。道理）がある」ということです。この「心即理」は、陽明学の「知行合一」「致良知」といった言葉にも共通します。

ところで、朱子学でいう「性はすなわち理（性即理）」という場合の「性」とは、「人間の本性（本質。本体）」のことです。朱子学では、「人間の本性（本質）は天理である」と説いているのですが、朱子学が「性善説」だといわれるのは、ここからきています。

「〈本性は天理である〉という朱子学と〈心は天理である〉という陽明学とは、まるで同じことをいっているのではないか？」とつい思ってしまいそうですが、朱子学は、さらに、「心は性（理）と情（気）を統一するものだ」と説きました。

つまり、朱子学は、心と理（天理）を別々のものだとみなしたのです。朱子学と陽明学の決定的な違いは、この点、つまり心と理の理解の仕方にあります。

繰り返しになりますが、「心即理」とは、「心の本体は天理である」ということであり、「心と理（天理）はもともとひとつである」ということになります。

余談ですが、禅宗では「即心是仏《そくしんぜぶつ》＝心そのままが仏である」、あるいは「即心即仏＝心そのままがとりもなおさず仏である」と説いています。ここでいう「仏」とは、いわゆる「仏性」のこと、陽明学でいう「良知」のことです。この禅仏教の物の見方・考え方は、陽明学の「心即理」や「知行合一」などと瓜ふたつです。

一途な心は根っこである

さらに王陽明の「心即理」説についてです。

陽明の愛弟子の徐愛《じょあい》が、師の陽明に向かって質問をしました。

「父によく仕える孝や、主君によく仕える忠や、友人と交わる信や、民衆を治める仁などについての〈理〉、つまり正しい知識をそれぞれきわめることをしないで、ただ心に求めるだけでは、よく理解できないのではないでしょうか」（『伝習録』上巻「徐日仁所録」）

徐愛と同じ発想をする人は、今でもとても多いのではないでしょうか。

つまり、理想的な親孝行をしたいと思ったら、まず聖人賢者と呼ばれる人たちの教えが書いてある『孝経*』などを読んだり考えたり話しあったりし

孝経　中国の儒教の経典のひとつ。二〇〇〇年前の戦国末に成立。孔子と曽子の問答を、曽子の門人が記したもの。孝は徳の根本だと説いた。『論語』とともに儒教倫理の普及に寄与した。

て、孝行についての理をきわめることが必要なのではないか、そう思って『親孝行入門』みたいな本を買ってきて、そこに書いてあることを実践してみようとしますが、陽明は「それではダメだ」といいます。そして、こう答えています。

「もし、私たちの心に私欲という覆い、私欲という心の曇りさえなければ、その心はそのままで天理そのものなのだから、なにも、外から知識などをつけくわえる必要などない」（前掲）

「天理そのものとなった心を働かせて、両親に仕えるなら、それが〈孝〉であり、同じように、その心を働かせて主君に仕えるならそれが〈忠〉であり、友人と交際するならそれが〈信〉であり、人々を統治するならそれが〈仁〉である。だから、私たちは、本を読むよりも、まず私たちの心から私欲を取り去って天理を維持することに努めれば、それでいいのだ」（前掲）

陽明はさらに具体的な説明もしています。

「冬にはどうやって両親を温かくしてあげたらいいのか、夏にはどうやったら涼しく過ごさせてあげることができるのかを研究する場合にも、ただひたすら自分の心の中にある親孝行をしたいという思いを発揮することに努力して、ほんのちょっとの私欲もそこに混ざることがないように気をつけるべきだ。

そういうふうにして、自分の心の中をよく観察してみて、もしそこに私欲がまったくなく、純粋な天理だけになっているのであれば、冬になったら、自然に両親が寒さにふるえるであろうことが心配になって、そうしなければならないからという義務感からではなく、心配のあまりに自分から進んで、ではどうしたら両親のいる部屋を温かくすることができるのだろうかと、その方法を求めるようになるはずだし、逆に、夏が近づくと、自然に、両親が暑くて苦しむであろうことが心配になって、自分から進んで、両親が涼しく生活できる方法を求めて、あれこれ考えるようになるのだ」（前掲）

つまり、私欲のない天理そのものとなった心から生じる、孝行をしたいという思いがあるからこそ、次の段階で『孝経』を読んだり、先輩の話を聞いたりという方法論を求める段階に到るというわけです。

たとえば「ありがとう」という言葉ひとつをとっても、心のこもっていない「ありがとう」という言葉を耳にして、誰も喜びません。それと同じで、真心からなされる孝行や忠義でなければ、その孝行や忠義は形だけのものであり、やってもらうほうも心から喜べるものではありません。

陽明は、このことを「ものごとの道理を求めるのなら、自分の外側に求めるのではなく、自分の内側の心に求めなさい」と説きました。そのことを縮めて、「心即理」といったのです。陽明は、さらに次のようなたとえ話をしています。

「樹木にたとえるなら、孝行にいちずな心は根であり、こうしよう、ああしようという方法論は枝葉に相当する。だから、まずは根があって、そこから枝葉が生じるのだから、枝葉を探し求めて、次に根を植えるということはありえないのだ」（前掲）

続けてこう述べています。

「『礼記*』祭義篇に、〈孝行者で、両親に対して深い愛情がある人は、必ず心がなごやかであり、心がなごやかな人には、必ずはればれとした表情があり、はればれとした表情のある人には、必ず柔順（素直）な態度があるものだ〉とあるように、必ず深い愛情が根となってこそ、自然に真の親孝行ができるのだ」（前掲）

礼記（らいき）　儒教の経典で「五経」のひとつ。礼についての解説・理論を述べたもの。四九編。五経とは、詩経・書経・礼記・易経・春秋のこと。中国、前漢時代に成立した。

人は感情のおもむくままに生きている

陽明の弟子たちに限りませんが、人々が何かをしようとするとき、それが親孝行であれ、仕事であれ、最高の親孝行をしたい、最高の仕事をしたいと誰もが思うはずです。家を建てる仕事でも、あるいはコピー機を売るという営業の仕事でもいいのですが、ほとんどの人は、たとえば、顧客に喜んでもらうには、どうすればいいのかと考えて、知識や技術を増やすことに一所懸命になります。

コピー機を売るという営業の仕事の場合でも、それは同じで、マニュアル本を読んだり、ノウハウを身に付けたりすることに一所懸命になります。もちろん、それは大事なことですが、陽明にいわせると、「順番が逆だろう」ということです。

何度もいってきたように、「お客様に喜んでもらえるいい仕事をしたいと思うのなら、まず自分の心を天理そのものの心にするべきだ、そうすれば、自然に、自分から進んで、いい仕事をするための知識や技術を学ぶほうに行く」というのですが、現実はなかなかそうは行きません。

それは、つまり、感情は間違いやすいが理性は間違わない、と思い込んでいるからではないでしょうか。

このことは、朱子学と陽明学の関係にもいえることです。

どういうことかといいますと、朱子学は、どちらかといえば「理」つまり理性や知性を重視し、感情や感覚を否定する傾向にありますが、陽明学はその逆で、感情や感覚を肯定する傾向にあります。

人は、一見すると、自分が理性で考えた通りに生きているように思えるかもしれませんが、実際には、感情のおもむくままに生きているといっても言い過ぎではありません。

心が「私欲」、つまり「エゴイズム」で覆われてしまっていると、陽明のいう天理そのものの心、つまり「良知」が感情や欲望に振り回されてしまうのです。

キリスト教で説く「愛」、あるいは西郷隆盛の「敬天愛人」*という言葉にある「愛」の担い手は、陽明のいう「良知」なのですから、欲望から心を解放してあげなければいい仕事はできませんし、いい人間関係も築けません。幸せな人生にもなりません。

言い換えれば、エゴイスト、つまり自分勝手な人には、他人への思いやりなどないのですから、当然ながら、いい人間関係が築けるわけなどないのです。

リンゴの木も自分の役割をまっとうしている

昨年読んだ本の中でも、ベストスリーに入る本が、石川拓治・NHK「プロフェッショナル 仕事の流儀」制作班『奇跡のリンゴ、「絶対不可能」を覆した農家・木村秋則の記録』でした。

敬天愛人 西郷隆盛の言葉。「天を敬(うやま)い、人を愛する」と読む。この言葉の出典はS・スマイルズ・著、中村正直(敬宇)・訳『西国立志編』である。

青森県弘前市のリンゴ農家の木村秋則（一九四九〜）さんが、今から二〇数年前に無農薬のリンゴづくりに挑戦、その後大変な苦労をして、最後はハッピーエンドで終わるという話ですが、まず、その動機がすばらしい。

木村さんの奥さんという人は、とても農薬に弱い方で、体調を悪くして寝込むほどだったそうで、奥さんの健康のことがまずあって、たまたま手にした福岡正信『自然農法、わら一本の革命』という本に励まされて、一九七八年から前例のない無農薬栽培のリンゴづくりに挑戦することにしたのだそうです。

農業関係の本を読み漁《あさ》って、猛勉強をして取り組んだのですが、山あり谷ありではなくて、まさしく谷あり谷ありの人生のスタートとなってしまいます。

自然栽培に切り替えてからの七年間というもの、まったくリンゴが実らず、その間の苦労話が「すごい」のひとことなのですが、ここではしょります。

害虫との戦いや子どもにノートや消しゴムも買ってあげられない無収入の生活が続きます。やがて、昼は自分のリンゴ園、夜は弘前の繁華街で働くという生活を余儀なくされ、いつしか、自信喪失してしまい、とうとう自殺を決意します。

首を吊るためのロープを手にして岩木山*の奥深く登って行ったまではよかったのですが、木にかけようと投げたロープがどこかへ飛んで行ってしまいます。

月夜とはいえ、木々が生い茂る暗闇の中でそのロープを探したそうです。探しているうちに、目の前に一本のリンゴの木があることに気づきます。

近づいて目を凝らしてよく見ると、その木は栗の木だったそうです。ですが、だれも農薬も肥料もあげていないのに、元気にすくすくと育っていることにまず驚きました。

そして、しゃがんで土をすくい取ってみると、リンゴ畑の土の匂いとま

岩木山（いわきさん）
青森県弘前市および西津軽郡鰺ヶ沢町に位置する標高一六二五mの安山岩からなる成層火山。「津軽富士」とも呼ばれる青森県の最高峰。

るで違っています。リンゴ畑の草はスッと抜けてしまうのに、栗の木の根元に生えている草は、何にも手を加えていないはずなのに力強く根を張っていました。

死に場所を求めて登ってきたはずの山の中で、木村さんは、とても大きな気づきを得ました。それは「この〈根張り（粘り）〉が重要だ」と、つまり「今まで土の上の幹や枝葉のことしか見ていなかったが、大事なのは土の中の根だ」ということに気づいたのです。

このことが突破口となって、一九八六年、木村さんは、前人未到のリンゴの無農薬・無肥料栽培に成功します。木村さんが自然栽培を志してから、苦節の三〇年が経過していました。

王陽明は、枝葉ではなく、根を養うことの大切さを説いていますが、木村さんの場合も、リンゴの自然栽培の試行錯誤の中で、根を養うことの大切さに気づいたというわけです。

木村秋則さんが試行錯誤の末に成し遂げたリンゴの無農薬栽培は、それまでは絶対不可能とされてきたことで、弘前大学農学生命科学部の杉山修一教授によれば「恐らく世界で初めてではないか」とのことです。
さらに杉山教授は次のように語っています。

「木村さんの農法は、農業という人為的営みの中に自然の力を活かすことを基礎にした農法です。つまり、農業と自然を融合させた農法といえるかもしれません。（中略）
確かにそれはリンゴ園でしたが、明らかに今まで見てきたリンゴ園とは全く違いました。下草がぼうぼうと生えており、通常の管理を行っている畑とはいえないものです。また、慣行栽培のリンゴには見られない*黒星病の病斑が多くの葉にありました。
しかし、リンゴの樹はいたって元気に生育しているのが見た目に分かります。このとき、無肥料、無農薬でもりんごが栽培できるのだと納得しました」（木村興農社『木村秋則オフィシャル・ホーム・ページ』「調査・

黒星病（くろぼしびょう）　果実や葉に淡褐色または黒色しみ状の斑点が生じる病害。

研究」）

自然栽培のリンゴづくりに成功したというだけではなく、木村さんは農業が専門の大学教授をも感動させるという快挙を成し遂げたのでした。

私は、本を読んだだけではなくて、金八先生で有名な武田鉄矢氏の会で、ゲスト出演されていた木村さんのお話も耳にさせていただきました。

お話の中で、印象に残ったものをひとつご披露しましょう。

七年目の年のことだそうです。木村さんは、一本一本のリンゴの木に、いままで間違った栽培をしていたことを声に出して謝り、元気に育ってくれることを祈って回りました。

木に話しかけているわけですから、どうしても人目が気になり、となりの家やとなりの家のリンゴ畑との境界にあるリンゴの木には話しかけなかったそうです。その後間もなく、木村さんのリンゴの木に実がたくさんなったのですが、驚いたことには、人目を気にして声をかけなかったリンゴの木は全部枯れてしまっていたといいます。

木村さんは、このできごとを通じて「植物のことを自分のこととして置き換えて、考え行動することの大切さを痛感した」とのことでした。

リンゴの木にも「良知」、つまり、木には木の本性があるということを予感させて余りあるエピソードだと思います。

「事上磨錬」――喜びを持って現在を生きていけ

「陽明学を学びつづけてきて、ほんとうによかった」と思えることのひとつが、この「事上磨錬《じじょうまれん》」という教えです。

辞書を引きますと「事上錬磨」と出ていますが、正確には「事上磨錬」です。「実際のことにあたって心をみがくこと。王陽明の説。〔伝習録〕。」と漢和辞典にありますが、文字どおり、仕事や日常生活のなかで心をみがく、ということを意味しています。

『伝習録』下巻に、この「事上磨錬」の説明にもってこいの挿話があります。以下は、王陽明と一人の下級役人の会話です。

長い間、陽明の講義を聴講していた一人の下級役人が、ある日こういいました。

「先生のこの学問は、とてもすばらしいと思います。ただ、帳簿つけの仕事、訴訟裁判の事務などが繁雑で難儀で、とてもこのような学問をしている暇がありません」

陽明はこう答えました。

「私は、あなたに帳簿の仕事や訴訟裁判の事務をはなれて、抽象的な学問をするように教えたでしょうか。あなたには、役人としての仕事があるのですから、役人としての仕事の上において学問をしなければなりません。これこそが、本当の格物*なのです。

たとえば、ひとつの訴訟事件を調査する場合、被告のあなたへの態度

格物（かくぶつ）　物事の道理を極めること。四書のうちの『大学』にある言葉で、大きく分けてふたつの説がある。「格」には、至る、正す、どちらの読み方もあり、朱子は至ると読んだ。その意味は、物事の理を極めること。陽明は正すと読み、物事の理は心にあるとして、その心を正すべきだ、と説いた。

が乱暴で無礼だからといって、怒るべきではありませんし、その逆に、被告の言葉が、とても気がきいていて愛想がよく、おだやかだという理由から、喜んではいけません。

被告に、他人から免罪のお願いが来ているからといって、憎み、処罰を重くしてはいけませんし、逆に、それらのお願いに耳を傾けて、意見を変えて、処罰を軽くしてはいけません。

自分の事務が多すぎることを理由に、勝手にいい加減な処置をするべきではなく、第三者が非難したり、罪に陥れようとするからといって、彼らの意見にしたがって被告を処分するべきではありません。

これら公平ではないすべての考えは、みな私心にほかなりません。ただ、それが私心であるかどうかはあなた自身にしかわからないことですから、よくよく細かく自分自身の思いや考えをチェックして自らを治めなければなりません。

ですから、自分の心が公平さを失ってほんの少しでも偏っているなら、正しい判断ができなくなるということを、常に恐れることこそが、格物致知《ちち》なのです。

帳簿づけや訴訟裁判といえども、決して実学でないものはありません。もし実際的な事物をはなれて学問をするなら、かえって実践的ではない、抽象的な思索におちいってしまうことでしょう」（陳九川所録）

見方を変えれば物事がはっきり見える

「仕事が忙しいから、学問などしている暇がない」というのは、私もよく耳にするセリフです。この下級役人は、学問と仕事、学問と日常生活とは別々だ、と思いこんでいたのです。ですから、陽明は「私は実用的でない学問をしなさいといった覚えはない。あなたが今いる職場で、良知を致す、つまり中庸の精神を発揮すること、言い換えれば〈公平無私〉であることを心がけなさい。そのためには、心の中の思いに偏りがないかどうかをチェックすることが必要だ」と説いています。

私も含めて、多くの人々は、どうしても「分けて、区別して考える」ということが癖になっています。子どものころから、そういう物の見方考え方を大人たちから叩きこまれてきたのですから無理もありません。分けて考えることで見えてくる世界は確かにありますが、逆に見えなくなる世界もあります。

たとえば、仕事とプライベート、遊びと勉強などというぐあいに、私たちは分けて考えます。「優先順位をつけなさい」といわれると、プライベートなことよりも仕事、遊びよりも勉強が大事、と思いたくなりますが、本来、それらは別々のものではありません。もともとひとつのものなので す。

以前、江戸しぐさ*の越川禮子先生との共著で『「江戸しぐさ」完全理解』（三五館）という本を出させていただきましたが、この本の中で、読者か

江戸しぐさ　もともとは「商人しぐさ」「繁盛しぐさ」という。「江戸しぐさ」と命名したのは、江戸講最後の講師・芝三光氏。現在は弟子の一人の越川禮子さんが普及活動を行っている。江戸人の処世の哲学を今に生かそうと教育界などで注目されている。

ら好評だった記事のひとつが「事上磨錬」に関するものでした。その部分を、以下に引用しておきます。

「事上磨錬とは、知と行、幸と不幸、苦と楽、損と得といった具合に、ものごとを分けて考えるな、分別しすぎるなという考え方です。陽明学のみならず、東洋思想の教えの根幹であろうかと思います。

私自身、かつては、仕事と日常生活、日常生活と修養の時間を、分けて考えていました。

『仕事で頑張っているのだから、日常生活で少々はめをはずしたっていいじゃないか』とか、『仕事や日常生活はどうあれ、修行さえ人の何倍もすれば、それでいいんだ』などと、そんな発想が当たり前でした。

しかしシュタイナーの人智学を、さらに陽明学を学ぶことで『日常生活で自分を律することこそがもっとも大事だ』ということに気づかされたのです。

シュタイナーの医学を究め、パラケルスス病院を設立したワルター・ビューラー*は、次のようにいっています。

『人間のあらゆる仕事、とりわけ日ごとに定まった仕事や勤務は、一定の具体的知識、注意深さ、熟慮、細心さ、興味、没頭、熱心、熟練、責任感など、ちょっと例をあげただけでも、さまざまなことが必要とされる。これは、専門職や芸術家といった気骨の折れる仕事の場合だけではない。

たとえば、掃除、洗濯、除草など、見たところごく単純な作業とて、同じである。人間の〈内なるわたし〉は、いつもなんらかの形で活動を求められているのだ。この要請に応じず、いい加減にやっていくなら、わたしたちは、いつの間にか、不注意で怠慢でだらしのない、さらには無責任な人間になっていくのである』(ワルター・ビューラー、中村英司・訳『人智学の死生観』)

こうした考え方は、昨今の日本人には見つけることがなかなかむずか

---

*ワルター・ビューラー (一九一三〜九五) ドイツのホンブルクに生まれる。医学博士。パラケルスス病院の創立者。近代西洋医学の限界をルドルフ・シュタイナーの思想によって打ち破ろうとする人智学的医学の代表者。

しくなりましたが『江戸しぐさ』を知っていた江戸期の日本人には、ごくごくあたりまえの発想であったことは、ここまでお読みになられた読者なら、もうすでにお気づきのはずです」（「第二部　江戸しぐさを育んだ陽明学」）

私は、一八歳で陽明学を知り、二〇歳ころに、シュタイナーの思想に出会い、以後、コツコツとシュタイナー思想と陽明学を学び続けてきましたが、シュタイナーの医学をおさめたワルター・ビューラーの言葉には、大変驚き、かつ感動しました。というのも、まるで陽明学の「事上磨錬」の教えそのものだったからです。

私もかつてそうでしたが、日常生活と仕事は別だ、という考えで生きている人が多いことでしょう。

ですが、どれほど自己修養につとめようとも、仕事で頑張ろうとも、日常生活がいい加減で、約束が守れなかったり、掃除や整理整頓などを嫌がるようでは、坐禅修行などに数時間つとめたとしても、その甲斐がありません。

なぜなら、数時間坐禅修行をしても、日常生活を数時間いい加減に過ごしたら、プラスマイナスゼロか、あるいはマイナスになってしまうからです。それは仕事も同じです。日常生活がいい加減だと、どれほど気をつけていようとも、日常生活で身に付けたいい加減な癖が仕事にも出てしまうのです。

それどころか、ワルター・ビューラーが語っているように、日常生活のいろいろな作業をきちんとやることで「きれいに早くやる」といういい癖や注意深さや細心さ、それに、忍耐力や持続力などが身に付くのです。日常生活で身に付けた、それらのよい癖や能力は、仕事にも、自己修養にも生かせるし、生きてくるというわけです。

「日常生活とは別ですから、仕事はきちんとやります」と口ではいえても、仕事も日常生活も、そこにいるのは私です。また、たとえ仕事ができたにしても、年を経るごとによい仕事ができるようになるかといえば、それは無理というもので、そこそこどまりの仕事しかこなせない人になってしまうのです。

もちろん、仕事と日常生活の区別はあります。ですが、区別し過ぎてしまって、仕事の時間の私とプライベートの時間の私とが、まるで別々のように思っていませんか、ということなのです。

「内なるわたし＝良知」の声に耳を傾けるようにつとめて、日常生活で自分を律することが、よい仕事を可能にしてくれるのです。

ありがたいことに、江戸しぐさの語り部の越川禮子先生の「事上磨錬」に関する興味深い体験談を耳にさせていただくことができましたので、以下に披露いたします。

過去にとらわれて「現在」を無駄にするな

「〈知行合一〉とか〈心即理〉はなんとなく納得できましたが〈事上磨錬〉だけは、その意味がよくわかりませんでした。やがて、その意味を体感したとき、陽明学が熾烈な生き方をまっとうした勇者のみの哲学などではないと、実感しました。むしろ、惻隠の情*に象徴される人間的な温かさを感じたのです。

かつて私は、本を読んだり、仕事をしたり、講演をしたり、原稿を書いたりしているとき、充実感を味わったものでした。ですから、家事（掃除、料理、ゴミ捨てなど）や雑事に時間をとられることが『もったいない、もったいない』とあせることが多かったのです。

つまり知的な作業を高次元と考え、生きるために必要な雑事を低く見ていました。でも、それは、まるでホワイト・カラーとブルー・カラーを差

惻隠（そくいん）の情　孟子の性善説につながる言葉。『孟子』公孫丑・上篇に「惻隠の心は仁の端なり（人の不幸を憐れみ痛ましく思う心は、やがて仁をなすいとぐちである）」という記述がある。

別しているのと同じではないかと気づかせられたのです。

陽明学でいう〈事上磨錬〉を知って今は違います。日常の些細と思われる仕事の中でこそ、その積み重ねの中に、工夫や喜びがあり、そのことが少しずつとはいえ、人間向上に、ひいてはいつか〈致良知〉につながるのではないかと実感する毎日です」

面倒くさいことと面倒くさくないことがあり、楽な仕事と楽ではない大変な仕事があり、面倒くさいことや楽ではない仕事から逃げて楽を追い求めるという人は、実際多いと思います。

ですが、楽ばかりしていたのでは成長もありません。面倒くさいことや楽ではない仕事が、人間を鍛えてくれるし、強い心をはぐくんでくれるのです。

育児放棄をしたり、児童虐待したりする親がいますが、育児は誰が見ても、決して楽ではない大変な作業です。ですが、育児につとめることを通じて、社会人としていちばん大事な忍耐力、持続力が身に付いてくるのです。もちろん、いい加減な育児では意味がありません。イライラしないようにつとめる、怒らないように工夫と努力をすることで、専門的な知識はもちろん、慎重さや注意深さや忍耐力といったさまざまな心の力が身に付き、たくましい自分に成長することができるのではないでしょうか。

根気、継続、そして、待つということ

「奇跡のリンゴ」の木村秋則さんのことを書いていて、思い出したことがあります。

それは二二年という歳月をかけて、十和田湖にヒメマスの養殖を成功させた和井内貞行《わいないさだゆき》のことでした。和井内貞行は、大正一一（一九二二）年に享年六五歳で亡くなります。伝記映画『われ幻の魚を見たり』（大映、一九五〇年、一〇七分、監督・脚本は伊藤大輔、主人公の和井内貞行は大

河内傳次郎、妻を小夜福子）は、一部脚色があるとはいえ、とてもよくできた映画でした。

十和田湖は、現在、ヒメマス釣りのスポットとして有名です。和井内の養魚事業の成功は、かつて和井内が夢に描いたとおり、十和田湖を一大観光地として有名にしました。和井内は十和田湖の養魚事業の開発の先駆者であると同時に観光開発の先駆者でもあったのです。そして、木村さんと和井内の二人に共通していることは「あきらめない」「継続する」「根気」ということではないでしょうか。

勝海舟は、根気について次のように説いています。

「なにごとも根気が本《もと》だ。今の人は、牛肉だとか、滋養品だとかさわぐくせに、根気はかえって弱いのが不思議だ。……（中略）……人間は生きものだから〈気〉を養うのが第一さ。〈気〉さえ飢えなければ、食物などはなんでもかまわないよ」（『氷川清話』「政治今昔談」〈今の外交は

何をしとるのか〉）

継続、根気を別の言い方で表現するとすれば「待つということ」ともいえるのではないでしょうか。

ところが、現代人は、いつしか、この「待つ」ことの意義を忘れてしまったようです。

大阪大学総長・鷲田清一氏は「待つ」ことについて、次のようにいっています。

「かつて〈待つ〉ことはありふれた光景だった。一時間に一台しか来ない列車を待つ、数日後のラブレターの返事を待つ…（中略）…相手が気づくまで待つ」（『「待つ」ということ』）。

そして、続けてこういっています。

「せっかちは、息せき切って現在を駆《かけ》り、未来に向けて深い前傾姿勢をとっているように見えて、じつは未来を視野に入れていない」（前掲）

〈せっかち〉とは、私たち現代人のことです。私もしみじみそう思います。

たとえば、二人の人がそれぞれ異なる未来予測を立てたとします。この場合、どちらが正しいかは、結局、時間がくるまでわかりません。この場合、最も有効な判断は「待つ」ことです。しかしその態度は、たいてい「いい加減だ」といわれてしまいます。

でもそれは、間違っています。わからないことがないというような顔をして、何でも縷々《るる》と解説する評論家は、わからないことを避けているだけです。

知性が判断を下せないときは、「わかりません」と答えるのが正しい知性の在り方です。

物事を決めていくのは決断力、そして、それを実行するのは胆力です。「待つ」という判断を下すには「胆力」が必要なのです。

私の話はこれで終わりです。これから私たちも、陽明学を学び、思いやりのある素直な心で、一心不乱に自分の道を進んだ志士たちのように生きていきませんか――。

あとがき

志士たちのように生きてみないか

息せき切って突っ走っていく人には、周りのことなど目に入らないし、自分のことしか頭にありません。個人主義の典型的な弊害です。

成熟した大人同士の関係とは、相手の振る舞いを見て、その人が何を求めているか知ることです。そのためには、感情移入が必要なのですが、俺が俺がの精神では、相手のことを思いやることなどできません。

世の多くの人は「これから世の中こうなる」と予測を立てますが、本当をいえば、未来はなにが起こるかわかりません。そして、なにかが起こったとき、俺が俺がの人は間違いなくパニックに陥ります。周囲の空気を感じることができないからです。どうしたらいいかわからないからです。

しかし、待つことを知っている人は違います。頭でっかちでなく、身体で感じること、つまり感性で感じることができるからです。一言でいうと、「どうしていいかわからないときに、どうしたらいいか感じ取ることができる」からです。

また、結果を出すことを急ぐのは、私欲がそうさせるのです。それは、気づきを深めるとか、悟るとかいう場合も同じで、「はやく○○したい」などと自分を急《せ》かせることは、心の安定を失うことにつながります。

ちなみに私が尊敬する王陽明の高弟・王龍渓《おうりゅうけい》は「はやく悟りたい」という思いについて、次のように述べています。〔　〕内は筆者注。

「〈大悟するには〉意気込みだけでやれるわけではない。まず千古の聖人のようになりたいという志をしっかりと確立してから、順序にしたがい、分に安んじ、綿密に地道に工夫を行っていかなければならない。

高い山への登山にたとえれば、山全体をほんの少し仰ぎ見たならば、頂上のことはいったん忘れて、ふもとから歩きはじめ、一歩一歩を地道に歩き続けていかなければならないのであり、決して山の頂上ばかり思いを巡らしてはならない。一歩一歩を積み重ねていけば、自然に頂上に到達して、下界を見渡せる時がやってくるのである。〔早く頂上に到達したい〕と思えば思うほど、〔心のエネルギーの無駄遣いとなって疲労困憊してしまうのであり〕、急いで悟りを求めれば、反対に迷いの中に入ってしまうのだ。これは、千古の聖人を志す人の痛病である」（『王畿集』巻十五「冊付光宅収受後後」）

最後になりましたが、本書を執筆するにあたり、萩博物館の一坂太郎先生、横浜市立大学・埼玉大学・フェリス女学院大学講師の渡邊賢先生には、貴重なアドバイスをいただき、お礼を申しあげます。また、いつものことながら、中地クリニックの中地享院長、所沢木鶏クラブの豊田吉三郎会長、㈱ペルソナ総合教育研究所の中村秋津久氏には、今回も、何かとお心遣いをいただき、ありがとうございます。とくに、常日ごろから親しくさせていただいています「NPO江戸しぐさ」の越川禮子理事長には、本書執筆中の約半年間の私の体調不良のことなどでご心配をおかけしてしまいました。改めて感謝申しあげます。

今年に入ってから体調が悪くなり、原稿の執筆は遅々として進まず、出版社にはもちろん、郷里の母や家族にも、心配をかけてしまいました。また、教育評論社の編集長・安達一雄さんに大変お世話になりました。遅筆をお詫びするとともに、記して感謝の意を表します。

本書を、私の恩人の㈱三五館の星山佳須也氏に捧げます。

平成二十三年九月吉日記　　林田明大

主な参考文献（順不同）

・近藤康信『新釈漢文大系一三、伝習録』明治書院
・王陽明、溝口雄三・訳『伝習録』中央公論新社
・松川健二『王陽明のことば』斯文会
・一坂太郎『高杉晋作の「革命日記」』朝日新聞出版
・一坂太郎『高杉晋作』文藝春秋
・一坂太郎『高杉晋作探求』春風文庫
・一坂太郎『わが夫坂本龍馬、おりょう聞書き』朝日新聞出版
・田中光顕『維新風雲回顧録』河出書房新社
・杉田幸三『精選 日本剣客事典』光文社
・『歴史読本クロニクル②、高杉晋作の２９年』新人物往来社
・小河扶希子『野村望東尼』西日本新聞社
・折本章『有識の士高杉晋作 幕末乱世を走る』防長新聞社
・『西郷南洲遺訓、附・手抄言志録及遺文』岩波書店
・桂樹亮仙『西郷南洲手抄 言志録講和』修道僧院
・宮路佐一郎『中岡慎太郎』中央公論社
・松岡司『中岡慎太郎伝、大輪の回天』新人物往来社
・『歴史読本クロニクル②、坂本龍馬の３３年』新人物往来社
・『文藝別冊、総特集・坂本龍馬、歴史の舵をきった男』河出書房新社

・菊地明・伊東成郎・山村竜也『坂本龍馬一〇一の謎』新人物往来社
・江藤淳・責任編集『日本の名著三二、勝海舟』中央公論社
・勝海舟、勝部真長・編『氷川清話』角川書店
・江藤淳、他『勝海舟全集二十一、氷川清話』講談社
・江藤淳、江藤淳・松浦玲・編『氷川清話』（講談社、昭和四八年版）
・河上徹太郎『吉田松陰、武と儒による人間像』中央公論社
・広瀬豊・編『吉田松陰書簡集』岩波書店
・古川薫『吉田松陰、維新を先駆した吟遊詩人』創元社
・池田諭『松下村塾、教育の原点を探る』社会思想社
・池田諭『吉田松陰』大和書房
・松本三之介・責任編集『日本の名著三十一、吉田松陰』中央公論社
・奈良本辰也・真田幸隆・訳編『吉田松陰、この劇的なる生涯』角川書店
・玖村俊雄『吉田松陰の思想と教育』岩波書店
・『吉田松陰の思想と生涯、玖村俊雄先生講演録』山口銀行厚生会
・『伊藤博文直話』新人物往来社
・劉岸偉『明末の文人 李卓吾』中央公論社
・但野正弘『桜田門外の変と蓮田一五郎』錦正社
・牧野伸顕・序『島津斉彬言行録』岩波書店
・徳富健次郎『蘆花全集第三巻、自然と人生、青山白雲、青蘆集』新潮社内、蘆花全集刊行會
・三上一夫『横井小楠、その思想と行動』吉川弘文館
・松浦玲・責任編集『日本の名著三〇、佐久間象山・横井小楠』中央公論社

・松浦玲『横井小楠』朝日新聞社
・徳永洋『横井小楠、維新の青写真を描いた男』新潮社
・山口宗之『橋本左内』吉川弘文館
・後藤陽一・友枝龍太郎『日本思想体系三〇、熊沢蕃山』岩波書店
・鈴木大拙『東洋的な見方』岩波書店
・鈴木大拙、工藤澄子・訳『禅』筑摩書房
・鈴木大拙『禅とは何か』角川書店
・小林勝人・訳注『孟子』岩波書店
・高田真治・後藤基己・訳『易経』岩波書店
・野島透『山田方谷に学ぶ改革成功の鍵』明徳出版社
・木村光徳『日本陽明学派の研究、藤樹学派の思想とその資料』明徳出版社
・野口晴哉『叱言以前』全生社
・野口武彦『江戸の兵学思想』中央公論新社
・篠田鉱造『明治百話（上）』岩波書店
・小池龍之介『超訳、ブッダの言葉』ディスカヴァー・トゥエンティワン
・平尾道雄『土佐藩』吉川弘文館
・『高知県人名事典、新版』高知新聞社
そのほかの主な参考文献
・多摩動物公園ハキリアリ飼育展示グループ『キノコを育てるアリ、ハキリアリのふしぎなくらし』新日本出版社

・ルドルフ・シュタイナー、高橋巖・訳『シュタイナーの死者の書』筑摩書房
・ルドルフ・シュタイナー、高橋巖・訳『神秘学概論』筑摩書房
・佐佐木千之『姫鱒の人工養殖、和井内貞行』日本出版社
・石川拓治『奇跡のリンゴ、「絶対不可能」を覆した農家・木村秋則の記録』幻冬舎
・上田惇生『一〇〇分de名著、ドラッカー、マネジメント』NHK出版
・ヴィクトール・E・フランクル、池田香代子・訳『夜と霧、新版』みすず書房
・鷲田清一『「待つ」ということ』角川学芸出版

〈著者略歴〉
林田明大（はやしだ・あきお）
1952 年長崎県生まれ。94 年に『真説「陽明学」入門』を発表し、陽明学に誤解を生じさせていた陋習を払拭、97 年に「国際陽明学京都会議」に実践部会を代表して登壇。
著者は、他に『真説「伝習録」入門』『イヤな「仕事」もニッコリやれる陽明学』（三五館）『山田方谷の思想を巡って』（明徳出版社）、共著に『「江戸しぐさ」完全理解』（三五館）など多数。

志士の流儀

2011 年 11 月 15 日　初版第 1 刷発行

著　者　林田明大
発行者　阿部黄瀬
発行所　株式会社 教育評論社
〒 103-0001
東京都中央区日本橋小伝馬町 2-5　FK ビル
TEL 03-3664-5851
FAX 03-3664-5816
http://www.kyohyo.co.jp
印刷製本　萩原印刷株式会社

ISBN 978-4-905706-63-2　C0095